改变
从家庭教育开始

迟红叶 / 编著

北方妇女儿童出版社
·长春·

版权所有 侵权必究

图书在版编目（CIP）数据

改变，从家庭教育开始 / 迟红叶编著. -- 长春：北方妇女儿童出版社，2024.6
ISBN 978-7-5585-8159-5

Ⅰ．①改… Ⅱ．①迟… Ⅲ．①家庭教育 Ⅳ．①G78

中国国家版本馆CIP数据核字（2023）第247671号

改变，从家庭教育开始

出 版 人	师晓晖	
策 划 人	陶　然	
责任编辑	于　丁	
插图绘画	书虫文化	
开　　本	710mm×1000mm　　1/16	
印　　张	12	
字　　数	100千字	
版　　次	2024年6月第1版	
印　　次	2024年6月第1次印刷	
印　　刷	三河市南阳印刷有限公司	
出　　版	北方妇女儿童出版社	
发　　行	北方妇女儿童出版社	
地　　址	长春市福祉大路5788号	
电　　话	总编办：0431-81629600	
定　　价	59.90元	

优秀的家长需要不断去学习

我们常说，做父母不容易。满心希望孩子的成长之路顺顺利利，长大进入社会，成为一个身心健康的人，能开开心心地生活，还能为社会做一份贡献。可是呀，教育孩子的过程，总是充满了艰辛。想要做优秀的家长，就更不容易了。

有人说，各行各业都需要持证上岗，做父母却不用。这话也不准确，其实每位父母都是在不断学习的。从备孕开始，就跟着过来人学习养育经验，又通过书和网络学习育儿知识。孩子成长过程中，家长更是在不断学习、摸索。可是这些学习往往不够系统，都是很分散的，今天听这个专家这样说，明天看书，又觉得该那样做。我们难免会在这些不同的言论中感到迷茫，不知道自己到底该怎么做。如果能有一套理论帮我们了解孩子的成长规律，掌握最基本的教育原理，是不是就能省力很多呢？而这，就是我们做这套书的初衷。

在详细讲述我们的育儿理论之前，我们先来回顾一下孩子的成长周期。在教育学中，我国将孩子的年龄按照一定的生长规律划分为几个阶段：3岁之前的婴幼儿阶段，主要在家庭中；3岁至6岁学前阶段，也就是幼儿园阶段；6岁至12岁小学阶段；12岁至18岁中学阶段。这样划分虽然比较笼统，但也体现出了儿童生长发育的阶段性特点。那么，针对这样的特点，我们在每个阶段所要达成的教育目标、采用的教育方式、教育的侧重点，也都是不一样的。具体来说，婴幼儿阶段，尤其是在1岁以内的婴儿阶段，孩子的生长重点是身体，对性格、品质的教育都无法脱离孩子的生理极限，成果也不突出；1岁以后3岁以前，教育的重点在生活习惯的培养上，教育立足于生活中的具体事情，需要事无巨细、手把手地去引导孩子；3岁上幼儿园，在整个学前期，我们要将教育的重心渐渐偏移，重点引导孩子的社交能力、解决事情的基本能力，从生活习惯的培养逐渐引导向学习习惯的培养；上了小学以后，从低年级到高年级，我们的侧重点也应完成一个从学习兴趣、学习计划、学习方法的引导到明确学习目标、提高学习效率、完成自主学习的过程，同时打好孩子的德、

智、体、美、劳各方面学科基础，为孩子以后的人生计划和选择做好准备。

讲到这儿，我想你应该看出来了：家长对孩子的教育过程，实际上就是一个引领的过程，我们引领着初生的稚嫩的孩童，让他们睁开眼睛，从眼前的第一抹光亮、第一个声音开始，带他们认识身边的世界。从家里到小区，从幼儿园到小学，从身边能接触到的事物到更广泛、更远大的空间，从具象的现实世界到幻想中的世界，从物质的世界到精神的世界……最终，我们将孩子领到这个五彩斑斓的大千世界中去，让他们终于可以放开我们的手，带着我们的爱，去广阔的天地遨游，无惧风浪。而这一切的美好期待，回归到原点，都是从小小的家庭中开始的。不论将来成为怎样的伟人，孩子的一切，都要从他最初生活的家庭起步。所以，不论在哪一国的教育理论中，家庭教育，都占有十分重要的地位。

可是要怎么开始呢？家庭教育，说起来简单，做起来却十分复杂。孩子的成长阶段，归纳起来短短的几行，具体到每个孩子，却看不出明显的分界。想要跟着教科书去学习，却往往不知道从哪儿下手。在这本书中，我们试图按照孩子的年龄阶段特点，来具体讲述每一种不同的育儿问题，全书分为三大块：生活、学习和品质。我们将各个阶段遇到的主要问题进行拆分，每一篇具体讲解一个问题，并用整个教育学的逻辑框架去组织，最终将这些散落的问题搭建成一个完整的体系，帮家长厘清家庭教育的基本原则，全方位解析家长在孩子成长中所能起到的作用，希望能帮助家长提升格局，积累丰富理论，培养更优秀的孩子。

我们的主旨呢，是想帮助家长为孩子从小埋下一颗种子，让我们的孩子从根基处正起来，从而健康茁壮地成长。所以，本书的内容没有局限在琐碎的细节上，而是站在理论的高度，从认知的层面解决家长的育儿困惑。但我们又把整个课程落在实处，搜集了不同行业、不同阶段家长的育儿问题，作为案例进行分析。我们没有用专业的词汇，而是用平实的语言来讲述精深的教育知识，让家长更好理解。也正因为这样，这本书具有广泛的适用性。不论你是在准备阶段，还是已经成为家长了，都可以通过本书建立起系统的育儿体系，从而找到适合自己孩子的教育之道。

好了，接下来，我们就一起进入家庭教育的世界吧！

目录

第一部分 生活篇

第一章
和谐的家庭氛围 ………………………………… 1

第二章
爱与管教的平衡 ………………………………… 11

第三章
要夸奖也要批评 ………………………………… 19

第四章
情绪管理有方法 ………………………………… 27

第五章
良好的生活习惯 ………………………………… 37

第六章
生活自理能力 …………………………………… 43

第七章
保护孩子的兴趣 ………………………………… 51

第八章
引导孩子好好说话 ……………………………… 57

第九章
杜绝"熊孩子" …………………………………… 65

第十章
教孩子积极社交 ………………………………… 73

第十一章
正确解决矛盾 …………………………………… 81

第二部分 学习篇

第一章
明确学习目标……………………………………89

第二章
培养学习兴趣……………………………………97

第三章
营造良好的学习环境……………………………103

第四章
端正学习态度……………………………………113

第五章
培养孩子的专注力………………………………121

第六章
培养学习习惯……………………………………133

第七章
解决厌学问题……………………………………147

第八章
制订学习计划……………………………………157

第九章
适合的学习方法…………………………………165

第十章
提高学习效率……………………………………175

第一部分 生活篇

第一章 和谐的家庭氛围

　　我们知道，家庭是由一个个成员组成的。一家人生活在一起，相互联系相互影响，就形成了一个家庭的环境气氛，这就是家庭氛围。良好的家庭氛围是整个家庭教育的基础，它包括很多方面的内容，大致可以分为三类：居室环境、家庭成员的行为习惯、家庭成员间的关系。

改变，从家庭教育开始

一、家居环境

家是所有家庭成员共同生活的地方，家居环境对每一个人都有重要影响，尤其是小孩子。如果家里总是脏兮兮、乱糟糟的，长期住着不仅影响身体健康，还会影响心理发展。

安全。营造良好的家居环境，首先要以安全为重。所有家具电器的选用，都要注意消除安全隐患，色调、款式、材质等，也要有利于身心健康。家中要注意通风，保证光线充足，温度适宜，空气新鲜。在孩子能够着的地方，不要放烧水壶、剪刀、水果刀、针

生活篇

线等危险物品。最好能给孩子一个独立的活动空间，让他可以在里面无拘无束地活动。安全的空间，是维护孩子安全感的第一步。

舒适。家是每一个成员的避风港，所以应当让每个家庭成员都感觉到舒适自在。家居布置可以成为向孩子表示爱和尊重的重要方式。一顶小帐篷，几块木板，高度适宜的儿童床，适合孩子身高的马桶、浴室、洗漱池等，

都会让孩子获得充分的舒适和安全感。在此基础上，培养孩子良好的卫生习惯。可以安排定时大扫除，每天做日常的清理维护。家长给孩子做出好榜样，孩子大一点儿了还可以引导他一起加入进来。在孩子的每一

个成长过程中，家长都可以通过家居环境的布置来促进孩子的独立，培养孩子的独立人格。

方便。保持家居环境整洁舒适,要注意家里东西摆放的有序性。以便捷使用为主,将每一样东西归类整齐摆放,注意,有序不是以家长的审美为主导,而是让孩子感受到方便。比如孩子的书籍和玩具,可以开辟出专门的收纳空间来摆放,摆放时引导孩子根据自己的使用习惯、使用频率来归类,以便每次都能方便快捷地找到自己想要的东西。孩子需要用到的每一样东西,都尽量放在他能轻易够到的地方,逐步引导孩子,自己的空间自己来打理。这样做,可以在无形中增强孩子的条理性。

教育小妙招

1. 专属于孩子的衣帽架和衣柜,让孩子轻松学会收拾衣物;
2. 安全方便的窗户开关,随手就能碰到的电灯开关,让孩子自主安排开关窗户和灯;
3. 几排活动围栏,一个软垫,一些活动工具,组成属于孩子的独立空间;
4. 分类、分栏的专用储物空间,让孩子顺手就完成整理归纳。

二、家庭成员的行为习惯

家中长辈，尤其是父母的行为习惯，对孩子的教育至关重要。古人说"言传身教"，就是指的这一点。想要孩子养成什么习惯，我们家长得从自身做起，自己先养成良好的习惯才行。

日常生活习惯。大人平时的作息、饮食、言行等，都会直接影响孩子。父母爱睡懒觉，孩子多半也不会早起；大人说话嗓门儿大，孩子也不太可能很安静。父母爱学习，孩子就会有样学样，也喜欢读书。如果家长一回家就刷手机，或者坐在电脑前打游戏，却要求孩子认真读书学习，这怎么能有效果呢？所以，为了孩子能养成良好的生活习惯，大人不妨从自身的坏习惯开始改起吧！

解决问题的习惯。 遇到事情，大人会怎么解决，孩子也会照着做。不光是模仿家长的行为，他们还学习大人面临难题时的心态，家长如果遇事畏首畏尾、犹豫不决，或者抱怨连连、消极逃避，都会在无形中影响孩子。反过来，家长可以利用这样的机会，把问题转换成教育孩子的好机会，在解决问题的过程中向孩子做出良好的示范，这比平时口头教育几十遍的效果都好。

待人接物的习惯。一个家庭不是孤立的,总会和周围的社会产生联系。家长在与亲戚打交道、接待客人时,表现出的真诚、温和、宽容、懂礼等品质,对孩子产生的影响比讲多少道理都管用。

除了家庭成员外,孩子能接触到的人,比如身边的邻居,也会对孩子的成长造成影响。孟母三迁的故事讲到,为了给孟子营造一个良好的生活环境,孟母不惜多次搬家,已经给我们作出了很好的示范。

教育小妙招

1. 每天晚上约定半小时家庭阅读时间,一家人都放下手机,安静读一会儿自己的书;
2. 有些家庭事件适当让孩子参与进来,一家人一起讨论解决办法;
3. 不定期的家庭座谈会,就最近发生的事畅所欲言,平等交流;
4. 协助孩子组织好友派对,让孩子主导策划派对的全过程。

三、家庭成员间的关系

家庭成员之间的良好关系，是家庭氛围和谐的重要部分。家是每一个人最温暖的港湾，是可以全身心放松的地方，是不必担心受到攻击的地方。家里每个人的关系越和谐，家庭氛围也就越和睦。

父母之间的关系。父母之间的关系对孩子的成长至关重要。朱熹说"夫妇和而后家道成"，一个家庭中，夫妻关系才是第一位的。有些父母在生了孩子后，就把关系的重点转移到孩子身上，忽视了

和配偶的交流，这反而对孩子的成长是不利的。现在老说的妈宝男，就是因为夫妻关系和亲子关系的定位出了问题。在教育孩子的过程中，父母必须是一体的。夫妻之间出现了问题，一定要及时处理补救，千万不要打着为孩子好的名义来逃避。

家庭中每个成员之间的关系。现在最常见的就是和老人生活在一起。老人帮忙带孩子，由于生活习惯和育儿理念的不同，容易出现各种争执。这时候，作为教育主导的父母更要注意。在有些不那么重要的事情上，没有必要和老一辈去争。家长一定要注意一个原则：解决问题以不破坏家庭关系为前提。坚持自己正确的观点不让

步,但神态语言仍然是温和的,不去和老人起争执。做到这些,既能促进家庭和谐,也能在潜移默化中影响孩子的思想品质。

家长和孩子之间的关系。这是家庭氛围和睦的关键。家长无疑是爱孩子的,同时也肩负着教育孩子的责任,这其中的度就要好好把握。在爱护、管教孩子的同时,家长也要给孩子足够的尊重和理解。这是一个比较复杂的话题,我们在下一章具体讲述。

教育小妙招

1. 不要当着孩子的面说伴侣或其他家人的坏话;
2. 在不影响大原则的基础上,可以允许老人适当溺爱孩子;
3. 把教育的主导权牢牢掌握在父母手中;
4. 夫妻之间经常交流育儿心得,可以有分歧,但不要在孩子面前争吵。

第二章

爱与管教的平衡

我想每个家长都有这样的体验：家里的小朋友，可爱起来能把人萌化了，但捣起乱来又能让家长分分钟心肌梗死。想要对他严厉一点，怕不利于孩子成长；太宽松吧，又怕把孩子惯坏了。这中间的度，应该怎么把握呢？很多家长就在这上面犯了难。有的家庭，父母一个唱白脸，一个唱红脸；一个特别凶，一个又无条件溺爱孩子，其实这都是不对的。这一章，我们就来讲讲如何在爱孩子和管教孩子之间找到平衡。

一、正确地爱孩子

在孩子的成长过程中，家长起的是什么作用呢？这个问题很大，但其实也简单。说白了，我们不过就是孩子成长道路上的领路人，在他小的时候引导他建立正确的三观，最终走向独立。理解了这一点，我们再来谈如何正确地爱孩子。

一些误区。首先，爱孩子不是一味迁就孩子。小孩子毕竟心智不够成熟，需要家长的引导。孩子要什么都给，提什么要求都满足，这可能不是爱孩子，而是害孩子。其次，不要打着为孩子好的名义去干涉孩子。家长作为领路人，最终是希望孩子长成一个人格独立、

身心健康的人，而不是一个被我们控制的傀儡。所以呢，在孩子小的时候，就要有意识地培养他独立思考的能力，而不是大包大揽，为他安排好一切。最后，爱孩子并不是让他吃饱穿暖、衣食无忧就够了，还要随时关注孩子的情绪变化、心理健康。这些都是孩子健康成长的重要因素。

一些原则。第一，给孩子爱而不是依赖。我们总说孩子需要陪伴，这话没错，但他们也需要独处的空间。没有必要时时刻刻和孩子黏在一起，而是要提高有效陪伴的时间。什么是有效陪伴呢？就是家长和孩子融洽相处。有时候家长虽然陪着孩子，但其实根本心不在焉，这样的陪伴并没有太大效果。有效陪伴之余，还要有意识地培养孩子独处的能力。给他一块自己的空间，教他一些一个人能做的事，比如画画、捏彩泥等，都是很有好处的。第二，建立和孩子之间的平等交流。不是哄着他，也不是高高在上地命令他。家长总是认为孩子还小，不能跟他说实话，这是不对的。比如孩子想玩游戏，但家长真的累了，就可以真诚地告诉他，而不是找一些借口来哄他，或者敷衍他，反而是不利于亲子关系的。第三，正确看待情绪。人都会有情绪，家长不用将孩子的情绪变化当成问题，也没必要刻意回避自己的情绪，但要教会孩子正确疏导负面情绪。这一点，我们后面也会具体讲到。

教育小妙招

1.培养一两个和孩子能一起玩儿的共同兴趣，比如一起拼图、一起下棋等；

2.在和孩子玩游戏时，让孩子来安排游戏规则，尝试听孩子的；

3.在无法满足孩子的要求时坚定拒绝，但耐心告诉孩子原因；

4.学会向孩子"示弱"，让孩子感受到被需要和被依赖。

生活篇

二、正确树立权威

（漫画）
- 我可以吃糖吗？
- 不行！你忘了牙医的话吗？一颗都不许吃！
- 弟弟考了100分。你呢？你还好意思说！
- 不是说不可以睡懒觉吗？可是弟弟还在睡。
- 难得今天高兴，管他什么规定！
- 爸爸，再不睡觉就过了规定的时间了！
- 宝贝，我们说过不能玩打火机哦！
- 没事，我看着他呢。而且打火机也没气了，偶尔玩儿一下出不了事！

学会了正确爱孩子，我们就来谈谈如何正确树立权威。要明确一个原则：权威并不等于专制。我们树立权威，是为了更好地引导孩子，不是单纯为了让他听话。

给孩子建立规则。孟子说："不以规矩，不能成方圆。"虽然讲的是治国，但在家庭中也是适用的。家长要先明确，哪些事情是原则性的，哪些事情是可以商量的。比如说孩子爱吃零食、爱吃糖，这不是好习惯，但也不是绝对不能吃；但孩子非要拿刀来玩，就绝对不可以了。家长要清楚每一件事的轻重程度，根据这个制订相应的规则。

制订规则要注意三点原则：一是规则一定要是可执行的。比如不能吃零食，看起来没问题，但让一个小孩子从来不吃零食，执行起来太困难了。那这条规则就等于没有。针对这一点的做法也简单，就是尽量把规则具体化，不要那么笼统，吃零食什么情况下可以吃，什么情况下不能吃，等等。越具体，规则就越可能执行。二是规则的制订要公平公正，不是父母说怎么样就怎么样，有时候可以让孩子参与进来。比如还是吃零食的事，可以让孩子自己来提方案，家长从旁引导。三是规则一旦确定，就不能随意更改了。朝令夕改不仅不利于孩子成长，还会损害父母在孩子心中的形象。

生活篇

统一执行标准。这一点是很关键的,很多家长规则制订得挺好,但执行的时候,今天一套标准,明天一套标准,或者这个人一套标准,那个人一套标准,最后全都乱套了。同样一件事,家长在每次采取措施时,都应该用同一套标准。不能今天不说他,明天又很严厉,这会造成孩子的认知混乱。他一旦觉得执行标准是由家长心情来决定的,规则就差不多等于虚设了。另外,家里的大人,尤其是父母之间,标准也要一致,不能同一件事妈妈很严厉,爸爸却无所谓。

清楚解释规则。家长在要求孩子时,要尽量解释清楚,而不是直接发号施令。比如为什么小孩子不能多吃零食,可以用适合他的方式去解释,也可以借助一些科普书、动画片之类的,帮助孩子理解。很多家长认为孩子小,听不懂,就放弃沟通,这是很不明智的。

最后,也是很重要的一点,家长要以身作则,遵守规则。想让孩子做到,自己得先做到,带头违反规则肯定是不行的。

教育小妙招

1. 规则不宜太多,每建立一个规则都要慎重,但建立了就一定要执行;
2. 轻易不说不可以。生活不是写程序,很多事情都可以商量;
3. 说了不可以的事,无论在什么情况下都不可以松口;
4. 有些非原则性的事,可以引导孩子自己制订规则。

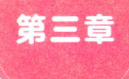

第三章

要夸奖 也要批评

上一章，我们讲到了学会正确地爱和管教孩子，建立起和谐的亲子关系。但即使是这样，孩子也免不了会犯错误。这时候，父母就要批评他了。相对的，孩子也有表现好的时候，让我们忍不住想夸他。那这里面，也是有学问的。什么样的夸奖能帮助孩子进步？什么样的批评才是合理的呢？这一章，我们就来讲讲如何正确地夸奖和批评孩子。

一、怎么夸孩子

很多人可能觉得，夸孩子还不简单吗？就怎么好听怎么说呗！但也有家长会担心，夸多了，我们家孩子会不会就飘了呀？所以正确夸奖孩子也不是件容易的事。我们先来明确夸孩子的原则：夸奖一定要及时。孩子做得好，做得对，或者态度主动积极，就要立刻提出表扬。及时的表扬可以让孩子获得成功的满足感，从而强化他的正面行为。

生活篇

夸孩子后天做到的部分，而不是先天的天赋。 先天的东西不是他自己能改变的，夸多了只会增长孩子的虚荣心，对他没有好处。比如家长夸孩子聪明，就可能会让孩子产生优越感，觉得自己比同龄人聪明，就不需要努力了。所以家长要多夸孩子凭自己努力做的事，这样才能起到鼓励作用。

为你的坚持点赞！

夸奖要落到实处。 也就是说，夸孩子要夸到点子上。有些家长一夸孩子，就说："你真棒！"那到底棒在哪里？我们要明确指出来。比如说他画一幅画，可以指出来他的色彩运用，他的构图，他的表现力，等等。这样比直接夸他画得好更有说服力，也能帮助孩子从中总结经验。

这个颜色搭配得太漂亮了！

我最喜欢这个！

夸奖要有理有据。这个意思就是，家长不能乱夸孩子。他明明只是随手画了几笔，我们就一顿乱夸，也是不合适的。要找到他真正做得好的地方，加以分析，有可能的话指出进步的方向，这样的夸奖才是有效的。

教育小妙招

1.不要什么都夸，夸你最近一段时间最想让孩子进步的地方；

2.夸奖时不必要用太夸张的表情和语气，表现得云淡风轻最好；

3.夸奖要由衷，不真诚只会将孩子越推越远；

4.放慢脚步，不要那么急功近利，耐心去寻找孩子真正的优点和闪光点。

二、怎么批评孩子

孩子犯了错，不批评不行，但批评了半天，把自己气得要死，再看孩子，好像根本没起到什么作用。批评孩子，又该怎么做呢？原则也是一样的，批评要及时，要就事论事，有针对性地去批评。有些家长喜欢翻旧账，还有的家长一上火就给孩子定性，说"你这孩子怎么这么笨"，这些都是不对的。

明确指出问题。很多家长一看孩子做错了，火气就来了，上来就批评，结果可能效果并不好。有时候我们觉得很简单的道理，孩子未必能理解得那么透彻，他可能并不知道自己错在哪儿了。这种情况下，家长只是指责他是起不到效果的，要有条理地告诉孩子，他哪一点做错了，会导致什么样的后果。这里不是家长单方面教训他就行了，而是要和孩子一起沟通交流，让他真正明白错在哪里。

找出犯错原因。还是要跟孩子交流，听听他为什么要这么做，找出原因来，才好对症下药。孩子到底是不明白这么做是错的，还生活篇

是明明知道，但为了达到什么目的才这样做；或者是知道但是没注意，不小心犯了错。针对这些，我们采取的解决方案也是不同的。

提出具体方案。我们批评孩子的目的是让他改正，而不是单纯去指责他。所以找出问题以及原因后，我们要跟孩子商讨出一个具体方案来，帮助他更好地总结经验，吸取教训。

还有一点很重要，那就是家长的心态。要知道，每个人都会犯错，所以要以正常的心态看待孩子的错误，允许孩子犯错，不要孩子一犯错就如临大敌。我们也要让孩子明白，犯错误并不可怕，重要的是从错误中学习成长。

教育小妙招

1. 不是每一次犯错都必须要批评，把握真正原则性的问题去批评；
2. 不要在情绪上头时批评孩子。假如当时情绪不可控，那就先去处理情绪；
3. 先尽量了解事情的来龙去脉，不要急着下结论；
4. 不要上纲上线，不要人身攻击，给孩子一些时间和空间去改正错误。

第四章

情绪管理有方法

　　"情绪管理"已经不是个新鲜说法了，每个人都有情绪，孩子的情绪表现就更加直接了。孩子不分场合、不分情况，随时随地就发脾气，怎么办？孩子敏感、多疑，遇到点儿困难就退缩，怎么办？孩子胆子小，这也怕那也怕；孩子输不起，一有挫折就哭哭啼啼；孩子有嫉妒心，见不得别人的东西比他好……这种种情况，家长又应该怎么干预呢？

一、认清情绪的本质

想要管理好孩子的情绪,家长先要管理好自己的情绪。如果父母总是情绪失控,这个家庭的情绪环境一定会很差,夫妻关系紧张,亲子关系糟糕,孩子也很容易变得暴躁、易怒。那要怎么才能管理好情绪呢?我们先来分析一下情绪的本质,帮助大家更好地认识情绪。

生活篇

情绪没有好坏之分。 我们习惯将情绪分为正面情绪和负面情绪，但其实，情绪并没有绝对的好与坏，它的本质只是我们内心对某件事物的感受和做出的反应而已。负面情绪固然会影响理性判断，而正面情绪其实也会干预理性决定。比如悲观情绪会让人想放弃，而一味地盲目乐观，也会让人看不到问题，导致做出错误决定。反过来说，愉悦、满足等情绪自然是让人感觉充满了希望，而悲伤、恐惧、愤怒，也是对外界危险的一种提醒。试想一下，如果没有恐惧，看到老虎就盲目往上扑，我们又怎么保证自己的安全呢？

恐惧可以让我们躲避危险！

情绪是一种感受。 情绪其实是感性层面的事，不能一味用理性去压制。事实上，当我们选择忽略或压制自己的情绪感受时，这感受反而会越来越强烈。让我们更加痛苦。如果我们不把情绪表达出来，它们非但不会消失，反而会像债务一样越积越多，直到最后彻底爆发。到那时候，我们就会产生众多心理问题。

情绪是由外界事物引起的。不论哪一种情绪，都不是凭空产生的。它其实是客观事物在我们心里引起的主观感受。所以，我们要解决的其实不是情绪本身，而是引发情绪的事物。比如我们遭遇了不公平对待，所以产生愤怒的情绪。这时候，我们要做的是削弱导致我们愤怒的不公平行为，不公平的现象解除了，我们的愤怒情绪自然会相对消失。但要是不解决不公平行为，只是停留在克服愤怒上，那即使看起来不发火，愤怒情绪也会堆积在心中，无法消解。

教育小妙招

1. 平静地对待孩子的各种情绪，不必有压力；
2. 孩子有情绪要及时关注，尽量少让孩子处于极度强烈的情绪当中；
3. 不管是高兴还是生气，有情绪时尽量不做决定；
4. 鼓励孩子的正面情绪，但也不打压孩子的负面情绪。

生活篇

二、情绪管理的步骤

情绪是人的生物本能，而要用好这种本能、管理好情绪，却不是天生就会的。"这个人天生情商高""我就是脾气差"之类的说辞，不是我们做不好情绪管理的借口。事实上，只要愿意去探索和学习，情绪管理是每个智力正常的人都能学会的能力。反过来，不去学习，再聪明的人也很难处理好那些一团乱麻的情绪，只能被情绪掌控，永远无法做出正确的判断。

准确识别情绪。这要求家长首先识别自己的情绪，再去识别孩子的情绪，然后引导孩子识别自己的情绪。识别自己的情绪，这个相对来说容易操作：闭上眼睛，暂时关闭理性思维的"按钮"，直观说出自己的感受。我感觉到快乐；我觉得无聊；我压力好大；我很焦虑……这些感受通常会自然而然地浮现出来。识别孩子的情绪，就会比较难，毕竟没有人会读心术。这需要父母切身关心孩子成长的方方面面。你可能要说了，哪有父母不关心孩子？这没错，但是要知道，"爱"并不意味着"看见"。孩子成长中的每一件小事，父母都要看在眼里，从而去通过这些体察识别孩子的情绪。孩子想要的玩具到了，他是喜悦的；出去玩儿时和别的小朋友闹了不愉快，所以有些难过。看见了这些事，父母自然就不会忽略因事件引起的孩子的情绪。当然，"看见"不是"掌控"，父母的"看"是作为监护人的看护，而不是监视和控制。

生活篇

理解孩子的情绪。理解情绪，就是要弄清楚，这情绪是为什么引起的？也就是找到引发孩子情绪背后的事物。例如，当孩子说"我讨厌学校"时，我们需要去理解并弄清楚，孩子为什么讨厌学校？学校里真正引起孩子情绪的事物是什么？是被老师批评了？还是被同学欺负了？或者是孩子自身学习跟不上，产生了自卑情绪？这里要注意，情绪是会互相影响的。孩子的情绪会直观引起家长的情绪，可要想理解孩子的情绪，家长就不能被情绪所影响，而是要客观理性地去分析判断。理解，它不光是感同身受，而是要将感性与理性结合，运用逻辑推理、换位思考等多方面的能力。

可能是因为考试没考好，老师批评了他！

引导孩子准确描述情绪体验。孩子很多时候采用极端方式，哭闹不止，发脾气，或者做出难以理喻的行为，都是源于他无法准确描述自己的感受。所以情绪管理的第三步，就是要引导孩子讲出自己的情绪。这也分两部分，一部分是准确说出自己的情绪。是害怕还是厌烦？是愉悦还是平静？另一部分则是准确说出情绪的程度。是暴怒，还是有点儿生气？是万分恐惧，还是有些担心？要做到这一点也简单，就是家长多去描述自己的情绪。家长使用的词越多，孩子能学会的词也就越多。让孩子准确描述情绪，除了有助于我们后续采取方案来解决问题，而且还能让孩子明白，描述自己的感受是一件十分自然而且积极的事。

生活篇

引导孩子向别人表达情绪。通过前面的三步，我们已经帮助孩子厘清了他的情绪是什么，是怎么引起的。那么到了这一步，家长要引导孩子去表达情绪。这里要克服的是孩子的担忧：我把这些告诉家人或者朋友，他们会嘲笑我吗？所以家长要去鼓励孩子，让孩子了解父母永远是他坚实的后盾，从而放下担忧。家长也可以率先向孩子表达自己的情绪，让孩子了解到原来父母也会产生这些情绪，他才能放下心理负担，从而对父母更坦诚。要注意的是，就算孩子不愿意向父母表达，家长也应该鼓励孩子去寻找别的表达路径，比如向朋友表达，向老师表达，向别的亲人表达等。

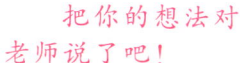
把你的想法对老师说了吧！

这也行？

引导孩子调节、管理自己的情绪。 情绪管理的最终目的，不是要让自己没有情绪，也不是要严格控制情绪，更不是要摒弃所有负面情绪，而是要对情绪进行管理，自己决定什么时候拥有什么情绪，并决定采取什么方式来表达这样的情绪。说穿了就是，我的情绪我做主。要不要发火？什么时候该哭一场？什么场合要放肆地快乐一把？都由自己来安排掌控。这是一个长线的过程，家长可以先为孩子去做引导，比如得知孩子受了欺负，很生气，那么在解决了引起孩子愤怒的事情后，可以选择带孩子去打沙包，宣泄怒火。又比如孩子生日，为孩子提前准备好他想要很久的礼物，制造惊喜，让他体验快乐，再逐渐引导孩子自己去有意识地调节和管理情绪，学会做自己情绪的主人。

教育小妙招

1. 不必过于放大孩子的负面情绪，以平常心态去看待；
2. 不要轻易让孩子的情绪影响自己的情绪；
3. 自己有一些小情绪时，可以选择向孩子倾诉，让孩子帮忙一起解决；
4. 在生活中人为制造一些小惊喜，并刻意放任一些专门释放负面情绪的时刻。

第五章

良好的生活习惯

孩子的生活习惯，一直是让家长头疼的一块儿。不好好吃饭，晚上不睡早上不起，不爱刷牙、洗手，每一样都能让父母操碎了心。可以说，良好的生活习惯，是孩子身心健康发展的基础。这一章，我们就来讲讲如何培养孩子良好的生活习惯。

情绪管理的步骤

生活习惯,就是让孩子在正确的时间做正确的事。对孩子来说,在生活中最基础的主要有三个方面:一是饮食。每天按时吃饭,不挑食,吃得健康,少吃零食。二是作息,主要是睡眠。如果晚上睡太晚,早上起不来,就会影响孩子一天的精神状态。长期睡眠不足,还会影响孩子的健康发育。三是卫生,主要是孩子的自身清洁,包括洗手、刷牙、洗澡等。

生活篇

帮孩子建立生活规律。什么时候吃饭,几点睡觉,几点起床……先帮孩子建立起来一天的生活规律。这个其实我们平时都在做。要注意的是家长自己不要总是破坏规律,比如家长不按时吃饭,熬夜刷手机,半夜吃东西,早上睡懒觉,饭前吃零食,这些行为都会直接影响到孩子。一般来说,家庭生活规律建立得越好,孩子的生活习惯也会越好。

让孩子尽量保持平和的情绪。坏心情会影响胃口,影响睡眠,过于激动和兴奋,也会让人吃不下饭睡不着觉。可一旦孩子不好好吃饭,或者到点不睡觉,家长往往就控制不住情绪了。还是要放平心态,吃饭和睡觉都是需要放松下来的事,不能硬逼孩子做。要知道,我们让孩子养成好习惯,最终目的是让他生活更健康。如果让孩子对吃饭、睡觉、洗手、刷牙等日常小事产生了畏惧心理或抵触心理,那就得不偿失了。

为孩子创造适宜的生活环境。营造良好的家居环境我们已经在第一章讲过了，这里呢，我们主要讲讲具体的情境。比如说孩子吃饭，在专门的餐桌上吃，每个人都坐在座位上，有专门的餐具，这能让孩子更专心。睡觉也是一样，早点儿关灯，关闭电子产品，放一些舒缓的音乐，创造更安静的环境，帮孩子放松下来，更好地入睡。至于卫生习惯，整洁的家居环境已经在无形中给了孩子影响，还可以为孩子设立专门的洗手台，洗手液、牙刷牙膏等清洁用品都放在他能随手够到的地方，让他能更方便地使用。

用引导来代替命令。想让孩子吃绿色蔬菜，可以多做几道菜式，让孩子能有所选择；想让他自己吃饭，可以买一套他喜欢的餐具；想让孩子早睡，可以早早陪他一起躺下，给他讲一个睡前故事；想让孩子刷牙，可以买他喜欢的口味的牙膏。这样的引导要比直接命令他"上床睡觉去"管用多了。不过这里要注意，有些家长喜欢用奖励的机制来引导孩子，比如对孩子说："你好好吃饭，我

故事时间到！

给你买玩具。"这会给孩子建立一些不太正确的条件反射,让他觉得好好吃饭了就可以跟父母谈条件,那下一次不给买玩具,他就不吃了。家长的引导,还是要正面积极的。

减少生活中的干扰项。生活是长线的,难免会出现各种打破规律的事情。比如过年过节了,家里来客人了,都有可能干扰孩子的习惯。那家长就要去留一个心眼儿,不是说绝对不能有干扰,而是要做到心里有数,综合孩子这一段时间的生活习惯,做出调整。

鼓励孩子的自主性。归根到底,我们是要教会孩子保持良好的习惯,而不是我们帮他安排好一切。在督促引导孩子的时候,就可以让他自己参与进来。首先跟孩子解释清楚,为什么要这么做,不这么做会造成什么影响,培养孩子的自主意识。然后就可以让孩子学习自己安排生活。这也是一个循序渐进的过程,可以从一些微小的选择开始。比如一开始给他几样选择,让他来选吃什么;或者问他晚上想干什么,引导他来安排晚上要做的事。等他年龄大一点,就可以试着让他来做全天的安排，家长可以协助他一起完成这些安排，加强他的成就感。这样做不仅能培养起孩子良好的生活习惯，而且能增强孩子的计划性，对他将来学习习惯的培养也是大有好处的。最后，在孩子偶尔出现习惯问题的时候，家长要鼓励孩子自己解决问题。当然要及时指出来，但不要急着去纠正他，而是让他自己先去思考，家长再引导他提出解决方案。

说了这么多，其实重要的还是家长的心态。要知道生活不是战场，用不着时刻严阵以待，孩子一顿饭不吃、一天没早睡、一次没洗手，都没什么大不了的。家长要从更长远的角度、更宏大的视角来看问题，有意识地去培养孩子的好习惯，但不用每天都像教官一样盯着他，逼迫他，这样只会适得其反。

这项竟然完成了。

还不错吧。

教育小妙招

1. 根据家庭情况拟定一些菜单，让孩子自己安排一周食谱；
2. 把握大方向，适当允许孩子放松；
3. 在一些特殊日子，做好防护后，带孩子去体验平时不能做的事，比如踩泥巴；
4. 利用科普书、动画片等，带孩子了解不好好吃饭、不按时吃饭、不刷牙的危害。

第六章

生活自理能力

前一章我们讲了如何培养孩子的好习惯,这其中我们也反复强调,要培养孩子的独立自主意识。我们平时应该也见过这样的小孩子,生活自理能力很强,什么事都能自己做,感觉完全不用家长操心。还是不要去羡慕别人家的孩子了,现在呢,我们就来学习一下,怎样去培养孩子的生活自理能力。

得体的行为

　　生活自理能力，也就是在生活中自己照顾自己的行为能力。孩子的年龄阶段不同，自理程度也不同。也就是说，生活自理能力本身就是会随着孩子的成长而逐渐增加的。所以家长的培养训练，也应该顺应孩子的年龄特点，让孩子做力所能及的事情。让一个刚满周岁的孩子去洗衣服，或者让一个三岁孩子去灌开水，显然是不合适的。

孩子的成长是有规律的，对应到自理能力上，不同的阶段自理能力也不一样。首先当然是能完成自己的事情，比如说自己吃饭，自己穿衣，自己睡觉等。这个一般在三岁上幼儿园之前可以达成，有些孩子晚一些也是正常的。其次是能收拾整理自己的东西，会做简单的家务。比如能自己收拾餐具，能整理自己的玩具，能自己穿衣服鞋袜，能简单收拾床铺，能扫地收拾桌子，等等。这是一个循序渐进的过程，上幼儿园后老师也会去作专门的引导。最后是孩子能主动安排自己的生活。也是从简单到复杂，一开始是简单的选择，慢慢让孩子能安排他的时间，安排一天的行程，直至完成比较详细的计划，比如假期出行计划、日常理财计划等。

孩子的自理能力会随着年龄慢慢增加，但也需要家长去引导。引导得好，孩子的这个过程就会比较顺利，假如引导不好，让孩子自行发展，就可能会出现各种各样的问题。在这里，我们为大家总结了"八做八不做"，给家长朋友们一些具体的建议。

以身作则，不要偷懒。这是老生常谈了，家长自己都乱糟糟的，吃完饭不及时收拾，用完的东西随手乱放，孩子也会有样学样。

耐心指导,不怕麻烦。孩子小,一开始做事肯定是做不好的,就需要家长去耐心教导。有些家长一看孩子做不好就急了,还有的家长怕麻烦,宁愿大包大揽,帮孩子做事。比如孩子尝试自己吃饭,家长一看他弄得满身满桌子都是,就赶紧抢过来喂孩子;孩子想学洗碗,家长怕他弄得到处都是水,或者把碗打了,也不愿意。这些都是不利于孩子成长的。正确的做法是创造适宜的环境去引导孩子尝试,让他慢慢掌握正确的方法。这个过程当然不是一蹴而就的,也不是说就放任孩子去做不管他,肯定需要家长付出很多耐心,慢慢教会他。等孩子养成了自主意识,家长就轻松了。

帮助引导,不去干涉。我们的目的是教会孩子,孩子做得不好,做得慢一些都没关系,实在做不好的家长可以帮忙,但要注意方式方法,要从旁去帮助他,而不是直接干涉他。聪明的家长帮了孩子，会让孩子觉得是自己独立完成的，这样也能增强他的自信心，帮他更好地去独自完成事情。

高效沟通，不要啰唆。家长教孩子做事的时候一定要清楚表达，话说到位了，确定孩子理解了，就等着孩子去慢慢做，不要一直重复。如果家长感觉孩子总是听不进去自己的话，就要反思一下自己是不是总爱重复，没有条理性，让人感觉很啰唆。

适当示弱，不要逞强。 有些家长总是觉得孩子还小，就什么事都帮他做了，明明下班累得要死还强撑着，把自己累病了都不告诉孩子。当然，为孩子遮风挡雨是家长的责任，倒不是说要让孩子来承担这份责任，但适时去让孩子理解家长的辛苦，让孩子知道父母不是万能的，也是有必要的。这样能让他们更加理解父母的爱护和付出，也能更好地培养他们的责任担当和自主意识。

鼓励尝试，不怕犯错。 孩子犯错误是很正常的，只要保护得当，不让他们受伤，家长就应该积极鼓励孩子。一开始学洗碗的时候弄湿了衣服，整理的时候弄坏了玩具，这些都是很正常的。家生活篇

长要有一个良好的心态,不要觉得孩子做得多错得多,就干脆不让他做了。

及时表扬,不要指责。孩子做得好,就要及时表扬鼓励,做得不好可以指出来,帮助他一起改正,但别急着指责孩子。打击了孩子的自信心和积极性,再想让孩子独立自主就很难了。

坚定信任，不要怀疑。即使孩子学得慢一点儿，做事情粗心一点儿，也别急着去怀疑否定孩子。要相信自己，相信孩子，只要给他时间慢慢来，一定能做到的。家长的信任对孩子自信心的培养是非常重要的，如果得不到父母的肯定，小孩子就会比较没有安全感，表现也会畏畏缩缩，容易依赖别人。要知道，不管是谁，独立自主都是建立在比较强大的内心之上。所以，家长自己首先要对孩子有信心，不要轻易去否定孩子。

教育小妙招

1. 创造一些能让孩子动手的环境，比如让孩子洗打不碎的金属或塑料碗；
2. 每周设置家庭大扫除，让孩子参与进来，一家人一起劳动；
3. 给孩子明确的家务分工，哪怕做得不好，也让他坚持下去；
4. 干活儿时适当表达自己的辛苦，让孩子来帮忙分担，并及时表示感谢。

第七章

保护孩子的兴趣

每个孩子出生后面对的都是一个未知的新世界,他们内心充满了好奇和探索欲,出门散步时会问"为什么树叶会落下来?"在家吃饭会问"人为什么要用嘴巴吃饭?"去动物园会问"孔雀为什么会开屏?"……成长的过程其实就是在探索、认识这个世界,学会和世界相处。父母除了要全方位地呵护孩子的安全和健康,也是他们成长和探索道路上的引导者。

好奇心，就是一种对新事物的关注、探究和提问的行为倾向。每个人出生后面对的都是一个未知的世界，成长其实就是在探索、认识这个世界，学会和世界相处。当我们还是婴儿时，发现了新事物，就会用手去触摸，用嘴巴品尝，再长大一些，好奇心会变得更加强烈和明显，孩子会开始通过感官、动作、语言来表达自己的好奇。在好奇心的驱使下，我们去认识事物，从而一步步建立起对周围世界的完整认知。

生活篇

所以，好奇心是我们学习的内在动力，能激发孩子的求知欲、探索欲，让他乐于接受挑战，有利于培养孩子的创新意识。

尊重孩子，珍惜孩子的好奇心。我们常说父母要尊重孩子，尊重要落实到具体行动上，要贯穿在养育孩子的每个时刻。孩子对周围的事物感到好奇，会一次次追着父母提问，父母的尊重就是蹲下来，与孩子站到同样的高度去交流，从而引导他看得更高、更开阔。这时候，我们就能理解孩子的无知、新奇，还会对孩子的"为什么"不耐烦吗？还会选择敷衍或者忽视吗？我们要珍惜孩子的好奇心，每一次好奇都表示他在用心观察事物，在积极探索、努力认识世界。

引导孩子观察。家长是孩子探索世界的领路人,在生活中,家长要亲身示范,主动引导孩子去观察生活中所接触到的新事物,让他对新事物敏感,从而通过外界的刺激,来促进孩子的思考。比如在带孩子散步时,可以引导他观察花园里不同的花草,观察不同季节花草的变化,帮助孩子养成善于观察、主动思考的好习惯。

鼓励孩子提问。我们要根据孩子的心智成熟度,利用一切因素,启发孩子提问,既能锻炼孩子的语言表达,又能让孩子通过提问训练逻辑思维。比如孩子从一开始只会问"这是什么",然后再系统、深入到针对某一个现象的"为什么"。会提问也是聪明、懂得思考的孩子的特点之一哦。

允许孩子出现认知错误。 孩子对世界的认知水平有限,他的经验比起大人来可少多了,当孩子提出的问题十分幼稚、存在认知错误时,我们应该耐心倾听,不要以成人的思维约束孩子,不要急着指出孩子的错误,更不能嘲笑、打击孩子,要耐心、准确地给予孩子回答,一定不要挫伤孩子的探索兴趣。

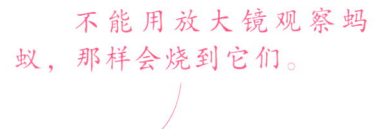

不能用放大镜观察蚂蚁,那样会烧到它们。

积极互动,回答孩子提问要讲策略。 当孩子追问不断,抛出一连串的"为什么"时,家长不要因为嫌麻烦就制止、打压孩子。有的父母会粗暴地制止:"哪有什么为什么,没看我忙着吗?!"而有的父母则是敷衍了事,比如孩子问天空为什么会是蓝色时,父母会说:"哦,天空就是蓝色的。"正确的做法是先肯定并且表扬他的提问,这能强化孩子的正向行为,增强他的信心。接下来我们重点启发孩子自己思考,寻找答案,然后再作修改和补充。当我们也不知道答案时,可以跟孩子一起查阅资料去寻找答案。这样不仅激发了孩子的好奇心,而且还有利于培养他独立思考的能力。另外,我们要用孩子能够理解的语言回答他的"为什么",有时候还可以通过实地观察或动手操作来更直观地解答问题。

提供新事物、新环境,激发孩子好奇心。家长平时可以鼓励孩子多去参加一些探索活动,像学校、社区以及一些公益组织的探索活动。还可以针对性地给孩子提供一些新事物、创造新颖的环境,让他们去探究,激发孩子的好奇心,让他们更主动地思考、学习。我们说的并不是新奇昂贵的事物,而是对孩子来说未知的、新奇的,比如让生活在城里的孩子去田野里观察、体验,既能激发孩子的好奇心,又能让他们更好地认识世界。

教育小妙招

1. 多带孩子到新环境去,刺激他多观察,激发好奇心;
2. 引导孩子记录他的"为什么"与发现,比如画画、拍照或录视频;
3. 认真回答孩子的"为什么",不会的跟他一起找答案;
4. 比一比谁能解答更多的"为什么",然后特意输给孩子,调动其积极性。

第八章 引导孩子好好说话

孩子说话,一直也是家长关注的大事。不会说话的时候,家长担心孩子不开口,吐字不清楚;等会说话了,又要操心他能不能好好说话。孩子顶嘴,孩子不爱说话,孩子说话太急躁、太慢,都让家长头疼。不仅如此,孩子的表达方式,还对他今后的社交、学习有着直接的影响。可以说,语言就是孩子认识世界、推开世界大门的钥匙。所以,这一章我们就来聊一聊,如何引导孩子好好说话。

一、学会和孩子说话

孩子说话也是分阶段的。要注意，每个孩子个体有差异，学说话的时间也不是固定的，家长只要注意观察、按时体检，确定孩子没有什么缺陷，就不必焦虑。

当然，这也不是说家长就不管孩子了，任由他自己发展。在孩子学说话阶段，家长的作用也是很关键的。作为日常和孩子接触最

生活篇

多的人，父母要多和孩子说话，尤其是和孩子单独相处的时候。不要觉得孩子小，又听不懂，就在那儿刷手机。从婴儿时期，父母就可以和孩子多说话。有的家长可能要问了，跟这么小的孩子说什么呢？其实什么都可以说。外面下雨啦，天气变冷了，今天穿的衣服是红色的，等等，关于生活中的一切都能跟孩子说。当然也不用那么刻意，就是想到什么了，就用语言表达出来。等孩子稍微大一点儿，开始学着自己开口说话了，家长仍然要增加和孩子的互动。

注意自己对孩子说话的内容、条理性和说话的态度。说话内容，要说小孩子感兴趣的话，他能听懂的话。说得太深了，或者说的内容和孩子无关，他肯定就不爱听。说话的条理性，主要是说话的准确性和流畅性，不要带口头禅，或者中间总是中断。说话的态度，家长虽然是在有意识地教孩子说话，但不要总带着功利心，不要让孩子感觉到压力。亲子之间的互动，还是要自然亲切。

用一些技巧去多引导孩子开口。 比如去问孩子,设置一些情境,带孩子做游戏,让孩子来开口说。当然这个也是很自然的,不要做得太过刻意。

在孩子说话时,家长要认真对待。 小孩子说了什么好笑的话,或者说得不对,家长不要去笑话他。虽然大人没有恶意,但还是会影响到孩子。

教育小妙招

1.时刻观察孩子的语言发展,并定期体检,确保孩子发育正常;

2.在亲子相处时真诚与孩子对话,不仅能促进孩子语言发育,还能加深亲子感情;

3.用规范的语言跟小一点儿的孩子说话,不要学他的"婴语";

4.在孩子还小不会开口时,弄清楚了孩子的意图后,用语言复述一遍给他听。

生活篇

二、实用的原则性方法

孩子学会说话后，我们就要来引导孩子进行良好的沟通了。

学会好好说话。这一点和前面是相同的,家长要注意说话的内容,说话的条理性,说话的态度。孩子小时候会模仿,大一点儿了就会有自己的判断力,如果父母说话不注意,会降低在孩子心中的威信,对于家长教育孩子是十分不利的。

学会倾听孩子说话。孩子在幼儿阶段喜欢说很多,家长通常并没有耐心去倾听,有时候是正忙,有时候也是急于去教孩子知识、道理,听不了几句就接过孩子的话讲起来。对于孩子说的话,家长也容易不放在心上,觉得那都不重要。其实这些事就是孩子生活中的大事了,如果在他愿意表达的时候不去倾听,等想知道的时候再去问,就问不出什么了。

建立和孩子的平等交流。家长不要总是居高临下,用命令的语气和孩子说话,也不要总是哄着孩子说话,或者觉得孩子不懂事就敷衍他。对于孩子的话要给出回应,就算真的有事正忙,也先真诚地告诉孩子，等忙完了再和孩子交流。平等的交流是建立在相互之间的尊重和理解之上的。孩子觉得自己得到了足够的尊重和理解，才会更愿意去表达自己。

建立不同情况下的沟通模式。在和孩子相处的过程中，最常见的有两类沟通模式，一类是日常生活中的交流，一类是解决问题的沟通。日常沟通没有什么太强的目的性，它更大的作用是联系情感；而解决问题的沟通目的很明确，就是为了得到某个具体问题的解决方案。

家长应该分清楚这两种沟通模式，不要在日常沟通中上纲上线，也不要在解决问题的沟通中过于随意。有些家长一跟孩子说话就像开会作报告，这就是混淆了这两种沟通模式。

这里再说说关于解决问题的沟通。这种沟通一般出现在家庭需要做重大决策的时候，当然这个重大的程度，也要视具体情况来分析。比如有些事情家长觉得不重要，但孩子觉得很重要，也可以由孩子发起这样的沟通，有点儿类似于家庭会议的性质。家长平时可以给孩子做示范，建立起这种沟通模式，让孩子明白，如果是很重要的事，他有权利发起家庭会议，大家一起来商量。而由家长发起的这类沟通，也要让孩子明白这类事情是比较重要的，最终要拿出方案来。

在交流中处理情绪。在日常交流中出现情绪,我们已经在前面的课程中详细讲过;这里要说的是在解决问题的沟通中如果出现情绪,就要遵循一个原则:不将解决问题和解决情绪同时进行。如果大家可以先控制情绪,就先解决问题,事后再去安抚情绪;如果没法儿控制,不管是家长还是孩子哪方情绪无法控制,都应该先解决情绪。这时候等于解决问题的沟通就先被中断了,等到情绪问题解决了,再重新发起沟通,解决问题。

来,妈妈抱抱。

教育小妙招

1. 耐心倾听,就算不同意孩子的说法,也要先给予支持和理解,然后试图说服孩子;

2. 设置专门的亲子沟通时间,比如睡前谈心,听孩子的心里话,这种时候即便发现问题,也不要立刻讲道理;

3. 民主不是事事听孩子的,家长要分清楚什么是真正的大事,不论多麻烦,也要给孩子讲清楚做出决定的原因;

4. 在安抚好孩子的情绪后,再找机会引导孩子去沟通,小事复盘,大事解决。

第九章

杜绝"熊孩子"

在生活中,"熊孩子"可是一个出现频率较高的热词。网友们用它来指代那些爱搞破坏、在公共场合不守规则、肆无忌惮的孩子。不仅这些"熊孩子"受到了大家的批评,他们的父母也被指责,没有尽到教育和约束责任,成为教育中的反面典型。"每个'熊孩子'的背后都站着一位'熊家长'"。这话确实很有道理,那作为家长,如何教育孩子在公共场合行为得体,不做别人眼中的"熊孩子"呢?

一、培养公共规则意识

公共场合具有开放性，参与其中的每个人都必须遵守共同的规则，比如遵守秩序、不大声喧哗、不乱扔垃圾等，孩子当然也不例外。

生活篇

帮助孩子建立规则意识。 三岁前我们就可以从吃饭、睡觉、收拾玩具等多个方面，给孩子建立一套行为规则，通过引导，将要求与具体行为关联起来，让孩子知道什么能做，什么不能做。通过一段时间的习惯培养，孩子就能把规则内化。比如，孩子学会吃饭后，就让他安静地在座位上吃。那么到了饭店，他就不会大喊大叫、到处乱跑了。具有规则意识的孩子，到了公共场合就会自然而然地遵守规则，不会变得无所适从，从而产生抗拒心理，最终导致情绪及行为的失控。

改变 从家庭教育开始

教会孩子尊重他人。想要赢得别人的尊重,就需要先尊重别人。这是尊重的第一层含义。可以告诉孩子具体怎么做,比如在公共场合跟陌生人打招呼要有礼貌,别人帮助你时要说"谢谢",等等。不想要的也不要强加给对方,这是尊重的第二层含义。比如带孩子到电影院时,你希望孩子保持安静、不吵到别人,就可以跟他沟通,如果别人大声吵闹,他的感受会如何,这样孩子就能明白,到了公共场合我们要注意自己的行为,不能影响他人。

教育小妙招

1. 跟孩子一起制订几条需要共同遵守的家庭规则,比如吃饭时不说话;
2. 带孩子读一些关于公共规则意识培养的绘本,通过故事来引导;
3. 告诉孩子他在公共场合做对了什么,通过表扬,强化正向行为;
4. 在孩子认真做事时给他创设充分的环境,帮助他建立同理心,理解互相尊重的含义。

二、引导公共行为规范

规则意识、尊重他人品质的养成，都需要一个过程，特别是对于年龄还小的孩子，是不会立竿见影的，比如一个三四岁的孩子，这一次他能够在餐厅安静吃饭，不到处乱跑，下一次可能会因为玩具而在商场打滚哭闹，因为他还不够理性来约束自己的行为。除了前面的两条基本原则，家长还可以具体从以下几个方面，引导孩子在公共场合行为得体。

为孩子选择合适的公共场所。并不是所有的公共场合都适合孩子,比如不允许小孩儿出席的音乐会、孩子不感兴趣的展览、对孩子来说乏味又漫长的大人饭局等,像这样的场合我们也不建议大家带孩子参加。所以带孩子去公共场合前,父母应该先进行评估,为孩子选择适合他的场所。

出发前给孩子做好心理建设。如果带孩子去公共场合,那就要在出发前给孩子一个心理预期,告诉他今天爸爸妈妈要带他去哪里,我们一起去做什么事,大概要多久,跟孩子约定好具体需要他做到的一些事。比如要带孩子去游乐场,出发前就告诉他,今天会一起去玩儿哪些项目，几点要回家，他需要遵守游乐场的哪些规则，会不会给他买零食和玩具，等等。

做好示范，及时关注孩子的情绪，引导孩子的行为。带孩子到公共场合去，家长首先自己行为要得体，给孩子做好示范，比如在博物馆看展览时，家长不要大声讲话、随意接电话，不然你怎么要求孩子保持安静呢。另外，要及时关注孩子的情绪，不同年龄的孩子，他们集中精力做一件事的时间长短也不一样，发现孩子情绪不耐烦时，要进行合理引导，可以耐心安抚情绪，找到一些适合他做的、又能不打扰别人的事做。

学会道歉，适时得体地离开。如果家长关注了孩子的情绪，也耐心引导了，可孩子依然不听，在公共场合发脾气、哭闹，出现失控行为影响他人时，最好的解决办法就是带他离开。绝对不要因为难堪，就发脾气把孩子打一顿，这只会起到反作用。一是闹出的大动静会影响更多人，二是孩子并不会因此而明白他不遵守公共场合规则。所以，不妨坦然地跟周围其他人道歉，然后尽快带孩子离开现场。等孩子冷静下来，再适时地教育他。

教育小妙招

1. 如果一定要带孩子去某个成人的场合，先提前和孩子沟通好，而且中途一旦发现孩子情绪不佳，要及时离开；

2. 去公共场所前，引导孩子做出合理的计划，可以设置一些后置的奖励行为，做到了就进行鼓励；

3. 及时带孩子复盘，既可以加强与孩子的沟通，听取他的心声，又能在无形中起到引导作用，强化正向行为；

4. 给孩子准备一些能吸引他的玩具或书，让他在公共场所中不至于无聊。

第十章

教孩子积极社交

前一章我们一起探讨了如何让孩子在公共场合行为得体,那有的父母就会说了,我家孩子到了外面一点儿都不"熊",反而太安静了,孩子害羞、胆小,不知道怎么跟人打交道,这该怎么办?其实这些家长关心的就是孩子的社交能力。在本章,我们将和大家一起探讨,作为父母,应该如何教会孩子积极社交,培养他们的社交能力。

一、把握社交原则

人类过着群居生活,社交一直都是我们需要面对的人生课题。无论是成年人,还是孩子,我们到了一个新环境,认识新的同伴,都需要去与人交往、沟通。有的孩子被称为"社交能手",似乎他天生擅长社交,其实并不是这样的。在成长过程中,除了先天遗传因素,父母的教育引导也是影响孩子社交能力的重要因素。

培养孩子社交的自主意识。在孩子的社交活动中，他才是主角，所以我们既不能让孩子过分依赖父母，又不能因为孩子小就替他社交。在孩子有了社交意识后，可以利用角色扮演游戏、绘本故事等，让他懂得什么是社交，在不同场景的社交活动中要怎么做。父母放心把社交的自主权交给孩子，只要给孩子做好示范、积极引导就行了，比如家长跟邻居主动打招呼，而孩子在旁边即使不说话也没有关系，他通过一段时间的模仿、学习，某天做好准备后，就会主动跟邻居打招呼，要相信孩子，他一定能够进行自主社交的。

不要给孩子贴标签。不少父母在孩子刚开始社交时，很容易犯的一个错误，那就是给孩子贴标签。比如带孩子去参加聚会，父母就会让孩子跟长辈打招呼，"宝贝，快，叫爷爷好"，等了半天，这孩子就是不开口，还开始别扭起来，这时父母为了化解尴尬，通常会说"不好意思，我家孩子害羞"。害羞、胆小，这些词都是负面描述，那孩子听了后，就会产生负面的自我认同，这会打击孩子的积极性。所以，不要给孩子贴标签，影响他的社交自信。

多鼓励、理解孩子。孩子进入一个新环境，跟陌生人打交道时，本能就会紧张、不知所措，这是很正常的。父母要鼓励孩子，理解他，主动帮他融入环境，开启社交，比如带孩子打招呼、找话题等。当孩子在社交活动中遭遇挫折时，比如表现出了差错或者跟人产生小矛盾，不要责骂、打击孩子，应该理解他，帮他找到原因，解决问题，鼓励他下次一定能做得更好。

引导孩子交朋友，而不是替他选择。孩子的世界是非常单纯的，他们的社交是不带功利目的的，所以父母不要强加干涉孩子

社交。比如有些父母觉得自家经济条件好,就不让孩子跟家庭条件差的孩子来往,还有些父母不让孩子跟成绩差的同学交朋友,这些都是不可取的。父母应该让孩子学会跟不同的人打交道,还应该引导孩子去发现别人的优点和长处,让他明白什么样的朋友值得交往,从而结交跟他兴趣相投、志同道合的朋友,帮助孩子找到成长路上的良师益友。

教育小妙招

1.带孩子去公园玩儿时,让他带上喜欢的玩具,通过分享交到新朋友;

2.跟孩子逛商场购物时,鼓励孩子去跟售货员沟通,并尝试结账;

3.在家多让孩子与大人或者兄弟姐妹合作完成一件事,提升他的合作能力;

4.多带孩子出去玩儿,创造与不同人相处的机会,使他变得更为大方、合群。

二、引导社交方法

光明白原则还不够，在孩子的社交活动中，父母还可以通过具体的方法，帮助孩子更好地开展社交。

生活篇

让孩子带着真诚和友爱去社交。人与人之间的交往，最打动人的还是真诚和爱。家长平时要在自己的社交生活中，给孩子做好示范。如果父母待人真诚、友爱和善，那么孩子也会成为这样的人。到了社交场合，一个真诚、友爱的孩子肯定会受到大家的欢迎和喜爱。

教孩子一些社交中的沟通方法。在社交活动中，如何与人沟通非常重要，这需要家长教给孩子一些沟通方法，比如学会使用礼貌用语，用请求的语气表达自己的社交意愿，还可以教孩子寻找共同感兴趣的话题，从这个话题聊起，然后顺利开展社交。

让孩子学会分享，更好地参与社交。父母应该尊重孩子对自己物品的占有欲，尊重孩子的意愿，合理地引导孩子在社交时学会分享，而不是无原则地强迫他们分享。父母可以通过一些事例，让孩子明白分享的好处和重要性，比如告诉孩子，当他只有一件玩具玩儿时，通过跟其他小朋友分享，他就能玩儿到两件玩具了，收获双倍的快乐，这就能让孩子在交往中愿意分享，也能更好地参与社交活动。

让孩子展现合作能力，更顺利地社交互动。孩子参与社交后，就要跟人打交道，他们一起学习也好，玩耍也好，都会涉及到合作。这时候，合作意识强、懂得如何更好合作的孩子，能让同伴信赖他，更愿意与他互动。所以家长平时要注重培养孩子的合作能力，比如在孩子还小的时候，让他与家人合作完成一些家务，引导他跟小伙伴合作搭建一件积木玩具等。到了社交中，让孩子展现他的合作能力，就能让孩子的社交更加顺利，互动会更愉快。

谢谢！

我帮你加固一下房顶。

教育小妙招

1. 邀请孩子的朋友来家做客，教孩子学习待客之道；
2. 适当复盘社交经过，通过及时给孩子社交提供反馈和指导，激发社交正能量；
3. 鼓励孩子表达自己的需要和感受，并能尊重他人，学会制止不正当的要求；
4. 家长可以展示良好的社交技巧和行为模式，给孩子做好示范。

第十一章

正确的解决矛盾

　　孩子们一旦开始社交活动，相互之间产生矛盾和冲突是难免的，因为他们都是与人打交道的"新手"。小一点儿的孩子在跟小伙伴玩耍时，一定有过抢玩具、吵闹，甚至推拉、打架的经历，这时候家长就急着出面制止、协调。上学后我们父母又得担心，孩子跟同学发生冲突怎么办？会不会被人欺负霸凌？现在，我们就来聊一聊，如何正确处理孩子间的矛盾冲突。

一、正常的矛盾冲突

孩子之间闹矛盾，要区分不同情况。第一类，是小伙伴之间的正常矛盾。这也是最常见的。两个人在一起总有意见不统一的时候，小孩子又比较直接，一句话说不到一块儿，可能就打起来了。但是一转头，又和好了。针对这一类情况，家长没有必要去处理，就让

生活篇

孩子自己解决好了。但在日常生活中，家长要去引导孩子正确表达自己的观点，避免小孩子采用暴力形式，或者用尖锐的语言去沟通。

第二类，是社交中和陌生人之间的矛盾。这一类情况和第一类有相似之处，就是小朋友之间是没有主观恶意的，但它又比第一类复杂一些，因为我们完全不清楚对方的性格。这种情况一般是出去玩耍或者参加什么临时的活动遇到的。对于家长来说，带孩子出去首先当然要时刻关注孩子的情况。这样才能了解到底发生了什么事，不至于在起了冲突时完全不知情。当然，家长不用去干涉孩子，但要起到监护责任。有的家长觉得这些场合有人监管，自己就不管了，这样是不太好的。除非是有专业的老师明确告知家长可以不管，否则像去游乐场啊，参加一些商场里的商业活动啊，都需要家长看好孩子。

那如果发生第二类情况，家长看到孩子和别人起了冲突，需要怎么做呢？

第一步，去制止，控制住场面。 我们说一般这种情况对方是没有恶意的，所以处理的原则是尽量先平息冲突，家长不要去激化矛盾。有时候孩子还没怎么样呢，两个家长先吵起来了，这对于教育孩子其实是很不好的。

第二步，安抚孩子的情绪。 如果孩子正在参加活动，家长可以简单地抱抱孩子，说几句安慰的话。如果孩子带着情绪不想参加了，家长也不要去逼孩子、指责孩子，仍然是先解决了情绪，再去解决问题。不过，矛盾平息了，情绪安抚了，并不代表家长就没事了，还要进一步去解决问题。

第三步，找个机会弄清楚原委，跟孩子沟通这件事。 这个过程中家长不要轻易去下结论，可以结合自己看到的，和孩子多聊，听听他怎么说。

第四步，根据了解到的情况去做出结论。 这里也分两种情况，一种是有明显原则问题的，比如说矛盾的产生就是源于一方不遵守规则，或者一方出现了抢夺、打人等行为，那不论是对方还是自家孩子，家长都要明确指出来，不要去和稀泥，也不要去偏袒任何一方。第二种是没有什么原则问题，只是一些小事，家长在安抚孩子的基础上，还要去引导孩子大度一些，以包容的心态来看待别人的行为。

教育小妙招

1. 可以在家跟孩子玩儿角色扮演，演练发生冲突时我们该怎么解决；
2. 家里两个孩子发生冲突时，先让他们自己解决，家长不要"端水"或者偏袒小的；
3. 家长要帮助孩子建立双赢思维，这是更好地解决冲突的武器；
4. 当小孩子被打时，家长不要粗暴地让孩子打回去，暴力不能解决问题。

二、遭遇校园霸凌

孩子之间起冲突还有更严重的，那就是第三类情况，孩子遇到了恶意欺凌。如果发生在校园里，就是校园霸凌了。这种情况也是很多家长最担心的。

如果孩子遭遇欺凌时家长就在旁边，这是稍微好处理一些的。家长一定要大声制止，明确指出对方的错误。但没有必要去和对方起冲突，我们这么做，是给孩子做出榜样，正确宣示自己的权利。

这个世界上什么样的人都有，我们没有必要什么情况都正面去起冲突。如果是素不相识的陌生人，表达完我们的观点，就可以离开了。如果是同一个学校的家长，那就要去寻找正确的途径，比如和校方协商，严重的话还可以报警来解决问题。

大多数情况下，孩子遭遇欺凌家长都是不在现场的，又该怎么做呢？

正视孩子受到的伤害，第一时间安抚孩子。不光是关心孩子的身体，还有他的情绪变化和心理健康。有些事情对于成年人来说可能是小事，比如被起外号、被孤立等，但对孩子来说就是很重要的，家长一定要引起重视。

及时站出来，维护孩子的权益。千万不要因为怕惹事，就选择忍气吞声、息事宁人。这时候孩子最需要家长的支持，如果连父母都忍了，孩子就更不敢反抗了。

在维权的过程中遇到困难,家长不要轻易退缩。当然维权也要注意方式方法,不是让大家去硬碰硬,但家长的态度对孩子来说是至关重要的。

维权的同时还要保护好孩子,不要让孩子受到持续伤害或二次伤害。如果事情太过严重,家长可以先为孩子转学,再来维权。记住一个原则,就算再生气也要把孩子的健康放在第一位。不要到最后为了置气而置气,反而让孩子受到更多伤害。

教育小妙招

1. 帮助孩子在学校交几个朋友,有朋友一起行动的话,霸凌者不敢对他下手;

2. 多关注孩子的状态和情绪,在平时的生活中注意培养孩子的自信心;

3. 告诉孩子,无论在外面遇到任何事都不要怕,父母都是他坚强的后盾;

4. 跟孩子一起阅读有关校园霸凌的绘本,引导孩子分辨霸凌,学会保护自己。

第二部分 学习篇

第一章

明确学习目标

孩子为什么不爱学习，原因是多方面的，但最根本的还是孩子不知道为什么要学习。站在孩子的角度来看，本来每天就是吃饱穿暖，做做游戏，忽然之间父母就要求孩子学认字，学拼音，学算术，学这些干什么呢？稍微学慢一点儿，爸爸妈妈还生气。就因为学习，父母都没有以前那么好说话了，孩子肯定是想不通的。所以，家长想让孩子好好学习，第一步，就是让孩子明确学习目标。

为什么要学习？这个问题可不好回答。比较通俗一点的说法：学习就是为了让孩子有个更好的未来呀！这话没错，但孩子理解不了。家长要把它具象化，解释给孩子听。那具体要怎么做呢？

明确学习的长期目标。 说通俗点儿,就是孩子要有对未来的规划。当然了,这是一个长期的过程,可能到上大学之前,孩子都确定不下来。家长也不用急于一时,但要有这个意识,去引导孩子从小设想未来。

第一步:给孩子普及这方面的知识。孩子的生活圈子很小,不理解社会的构成,家长可以通过一些故事,或者结合自家的生活,让孩子了解人们在社会中所要承担的责任以及享受的权利。这里不是要家长给孩子压力,直接说以后要挣钱养家之类的,而主要是从知识普及的层面,让他大致明白这个社会是怎样有序运转的。

第二步：引导孩子来说说他希望以后做什么。这里要注意，孩子的想法不会一次到位，一开始他们天马行空，可能会说希望做超级英雄之类的，家长也不用去否定他。只需要鼓励他，顺着他的话继续引导，让他说说要做这个需要会什么技能，自然而然地引出这些技能是怎么会的。这时候也不用急着去说教，就自然地聊天。孩子答不出来，家长也不用直接告诉他，还是以引导为主。有些孩子也有可能会说出具体的职业，比如做厨师，做消防员，家长也不用按照自己的想法去纠正他。

第三步：当孩子提出了需要的技能，家长就可以帮助他通过学习实现一部分。比如孩子说要当超级英雄，需要学会飞，家长可以引导他，我们先来练习跳高，树立一个目标，然后带着孩子通过每天练习，一段时间后达到这个目标，让孩子享受到学习的乐趣。随着孩子的成长，他有一天会发现他不可能学会飞，家长也不用担心，可以告诉他，我们虽然无法学会自己飞，但能通过学习，利用飞行工具飞上天空。在这个过程中，慢慢让孩子明白学习的作用。

第四步：当孩子通过学习取得了一些进步时，家长要及时去鼓励他，并帮他做出总结。可以通过学习前后的对比，帮孩子厘清中间的过程，让他清晰地认识到学习的作用。

让孩子建立未来规划是一个长期任务，这里说到的四步，都是要在孩子正式上学之前就开始做的。做到了这几步，等孩子正式上学，去引导他理解长期学习目标，就是水到渠成的事了。家长顺着这个思路一边慢慢引导孩子确立未来的方向，一边只需要告诉孩子，他现在好好学习，都是为了以后能实现理想，做自己想做的事。

树立可以达到的短期目标。在孩子的学习过程中，家长还要去引导他树立可以达到的短期目标。这个目标就要实实在在了，和长期目标不同，越具体越好。比如一个月背会五首古诗。这个目标还能再拆解，具体到每一天要做什么，也就是详细的学习计划。当孩子按照计划完成目标时，家长仍要及时表扬鼓励，和孩子一起做出总结，加强他的学习成就感。关于学习计划的制订，我们后面会有专门的内容来讲，这里就不展开了。

改变 从家庭教育开始

引导孩子的学习兴趣。这里要注意不要把学校系统的学习孤立出来,这也是教育中十分常见的一个误区。学习是贯穿终生的行为,学校学习知识是其中非常重要的一部分,但并不是全部。孩子学会了一项新运动,一个新游戏,一个新道理,会唱一首新歌,画出了一幅好看的画,都是应该去鼓励表扬的。有些家长对孩子爱玩儿的东西毫无兴趣,这就失去了引导孩子的绝好机会。家长应该从孩子的兴趣入手,先鼓励孩子去学习喜欢的东西,再慢慢引导他建立对学校学习的兴趣。

教育小妙招

1.多带孩子体验生活,让他在不同的社会情境中了解世界,探索未来的方向;

2.可以带孩子参加一些职业体验活动,进行职业启蒙教育;

3.当孩子说出想从事的职业时,给他找一个学习榜样,让长期目标具象化;

4.把学习目标绘制成思维导图,贴在显眼的位置,提醒、激励孩子。

第二章 培养学习兴趣

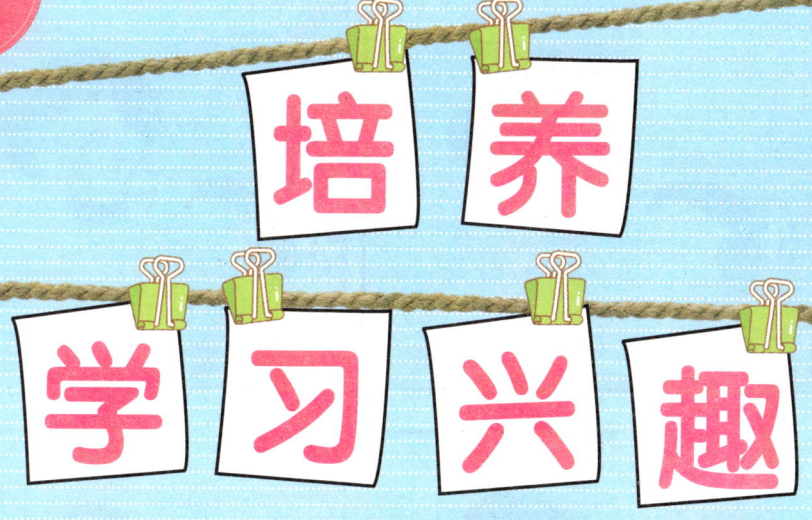

　　我想,每个家长都希望自家孩子是"爱学习的好孩子"。可是现实中呢,常见的是孩子就爱玩儿,说起游戏、动画片,就头头是道;可是一说起看书、学习、写作业,就一脸不情愿。孩子对什么都感兴趣,偏偏就是对学习没兴趣怎么办?这一章,我们就来讲一讲如何培养孩子的学习兴趣。

什么是学习兴趣？有的家长可能会说，不就是孩子喜不喜欢学习吗？这么说也没错，却又不够准确。喜欢是个很主观的东西，学习兴趣却是可以培养的。孩子的学习兴趣，可以是由于喜欢学习而产生的，比如画画本身，能让孩子快乐，他就喜欢学画画。但还有另一种情况，孩子并不喜欢学习的内容，但喜欢学习带来的结果。比如孩子可能不喜欢画画本身，但喜欢画出好看的东西那种成就感。这样的话，他也会对画画感兴趣。

我们来分析一种理想的学习状态：孩子对学习的东西本身很感兴趣，又很喜欢学习带来的结果。这就形成了一个良性循环，他爱学，愿意学，学好了又有成就感，就更愿意学。但现实生活往往没有这么理想，更多地还是需要我们家长去培养孩子的学习兴趣。

保护孩子的好奇心。关于如何保护孩子的好奇心，不轻易去打击它，我们在前面的章节里已经专门讲过，这里就不多说了。

拓宽孩子的求知空间。

孩子小时候是最容易对各种事情感兴趣的，但这时候他的生活圈子却很小，能见到的事物也有限，更别提产生兴趣了。所以我们家长就要有意识地去帮他拓宽这个空间，带他去多认识世界，多了解不同的事物，从而让他对更多的东西产生兴趣。比如说有的家长平时会下围棋，还会带孩

子去了解围棋,那孩子就更容易对围棋产生兴趣。拓宽孩子求知空间的方法很多,可以通过看书、旅行、参加活动,也可以利用生活中的一些小事来引导,比如看一个电视节目、为孩子选择一款新玩具等,都有可能达到这个目的。

利用孩子多方面的兴趣,去引导他产生学习兴趣。有些家长可能觉得,孩子喜欢玩具,喜欢游戏,都不是好的兴趣,就不让他玩儿。一方面打压孩子这些兴趣,另一方面又去让他建立学习兴趣,结果可能会适得其反。越不让玩儿,孩子越要玩儿;越鼓励他去学习,他反而更不爱学习了。要注意,不要把学习和孩子爱玩儿的东西对立起来,那样只会让孩子对学习产生抵触心理。我们要反过来,让孩子觉得学习和玩儿是同样有意思的事。比如孩子想玩儿手机游戏,但不认识字,家长就可以引导他:等你认识了字,这个游戏就能玩儿得更好了!或者孩子喜欢玩儿变形玩具,家长也可以告诉他:如果认识了图形,学会看说明书,就能更快地给玩具变形。这些都是早期培养学习兴趣的好方法,让孩子从小就了解学习的作用,知道生活中处处都能学到东西,长大后他就不会把学习割裂开来。

把孩子的短期兴趣培养成长期兴趣。孩子很容易对各种事情产生兴趣,但要长久保持就不容易了。我们总说小孩子"三分钟热度",看到一个东西很喜欢,可是不到半天就玩儿腻了。所以家长培养孩子,不能只停留在吸引他的注意力上,还需要有后续的步骤。具体来说,家长想让孩子对一门学科感兴趣,第一步是在孩子有兴趣时鼓励他完成一个小目标,一定不要太难。这一点很多兴趣班的招生老师都会用,比如围棋班老师会摆一个简单的棋型,让孩子只需下一步棋,就能提掉对方的棋子。孩子一高兴,就愿意学围棋了。第二步就要巩固他的兴趣,家长要及时鼓励孩子,增加他的成就感,让他愿意持续学习一小段时间。第三步,等他学了一段时间,家长要去适时总结孩子的进步,对比孩子现在和初学时的成绩,让他很直观地看到自己的学习成果。第四步,学习过程中出现任何问题,家长都要用积极的心态去引导帮助孩子,凭借自己的努力去解决问题,加强孩子主动学习的意识。接下来就是循序渐进地循环前四步。设置的目标逐渐加深,达到的成就也越来越多,孩子的成就感就更深,持续兴趣的时间也就一次比一次长。这样形成一个良性循环后,孩子的学习兴趣和学习成绩就同步提升了。

把孩子的单个兴趣联合成整体兴趣。孩子要学的东西很多，光是学校里的各种学科就有七八门，还有一些课外兴趣班，家长总不能每让孩子学一个新东西，就从最开始的第一步做起，重复那么多步骤吧？这就需要家长有这个意识，建立孩子对于学习的整体兴趣。当然这也不是一蹴而就的，随着孩子的慢慢成长，家长就可以去引导他，总结学习的规律，从更高更大的层面树立学习的长期目标，从更宏大的成就感上激发他对于整个学习活动的长期兴趣。这也是帮助孩子养成良好的学习习惯的重要前提。说到底，学习是一件贯穿终生的事，希望每一个孩子都能建立起对学习的兴趣，真正做到"活到老，学到老"。

教育小妙招

1. 对好奇心强、爱提问的孩子说"我真喜欢你爱提问题"，鼓励他去思考、探索；

2. 多帮孩子"解锁"他感兴趣的、易学会的新技能，让他体验求知的乐趣；

3. 让孩子在家当父母的小老师，教授所学到的知识，激发学习动力；

4. 通过积分兑换卡、刮刮卡等形式，设置合理的奖励，激发学习兴趣。

第三章

营造良好的学习环境

家长经常会发现,孩子在家写作业,总是不在状态。这到底是为什么呢?细细聊起来,发现我们的家长可能没太注意到家里的学习环境。我们很多人都会有这样的体验:周末在家工作,似乎总是没有在办公室工作有效率。很简单,家里没有办公环境嘛!孩子学习也是一样的,无论是在家里还是在学校,想让他学习更有效率,我们家长就要尽量为他营造一个良好的学习环境。

一、良好的家庭环境

学习环境是一个挺大的概念,我们分成三个方面来讲。首先要讲的是基础环境,也就是孩子日常学习中的客观环境,包括家里和学校里的。这里我们主要讲讲如何营造良好的家庭环境。

学习篇

为孩子设置一个独立的学习场所。不一定非得是专门的书房,但要注意这个场所最好和吃饭、休息、游戏的地方区分开。一个相对隔离的空间,能帮助孩子迅速进入学习状态。

在家中营造安静的学习氛围。孩子在房间里学习,家长却在外面打游戏、看电视,或者大声聊天说笑,都是不合适的。晚饭后可以适当安排一家人的学习时间,父母都去看书了,孩子自然就有学习的动力。

写完作业我也去看书。

改变 从家庭教育开始

给孩子准备合适的学习用品。这个呢，看起来是小事，但要是学习用品不好用，或者不方便，对孩子的学习状态影响还是挺大的。比如孩子专心写作文的时候，钢笔却总是漏墨，一定会影响他的思路。另外，选择文具时要尽量选择比较常规的款式，那些过于花哨的文具会分散孩子的注意力，从而影响学习状态。

合理安排孩子的学习时间，保证他有充足的精力。如果一天安排太多任务，或者在学习之前让孩子做了什么比较耗费精力的事情，孩子就无法保持最佳的学习状态了。

今晚别睡了吧。

教育小妙招

1. 让孩子定期整理学习桌，在干净、整洁的学习桌上看书、写作业会更专注；

2. 合理摆放孩子使用频次高的书本和文具，要能即时取用，以免找寻分心；

3. 跟孩子约定学习区使用规则，玩具和零食尽量不要出现在学习区，减少干扰；

4. 每天至少有一小时一家人共同学习的时间，既能培养孩子的良好习惯，又能增进家庭成员间的感情。

二、便捷的资源环境

学习环境的第二个方面是资源环境，就是孩子在学习过程中需要用到的各种资源。

准备物质资源，正确利用电子产品。 学习资源中最常见的就是各种物质资源，比如各种工具书、资料、实验器材等。这些家长肯定都会尽心准备的，我们这里重点讲讲电子产品。有些家长担心孩子沉迷，严格控制孩子使用手机和电脑，这是合理的，但一定要注意方式方法。现代社会信息高速发展，完全不让孩子接触高新科技，显然是不现实的，也不利于孩子的学习。家长要有一个正确的认知，电子产品只是一种工具而已，并没有对错之分。新时代的家长，要做的是引导孩子正确利用电子产品，而不是一味去限制他。其实不光是电子产品，家长买了这些物质资源，还要去教孩子如何运用它们。我们有些家长觉得买回来就完事了，剩下的让孩子自己去摸索，这其实是不负责任的。要知道孩子对这些东西的使用都是一知半解的，需要我们家长带着他去学习，比如说怎么使用 office 软件制作幻灯片，怎么通过网络来查找信息，等等。

关注身边的各种社会资源。孩子的学习是全方面的，除了书本上的知识，社会实践也很重要。我们家长千万不要觉得只要把孩子关在家里死读书就行了。当然，这也不是说让我们家长去拼自己的社会关系，搞一些不良风气。现代社会各种信息资源都相当便利，家长只要多去留心，就能发现许多能为孩子提供学习帮助的社会资源，比如我们身边的图书馆、博物馆、科技馆、青少年宫等。家长可以随时关注他们的信息，利用周末带孩子去参加一些公益活动，鼓励孩子去参加一些校外的兴趣社团，为他创造更丰富的学习环境。

教育小妙招

1. 加强对手机、平板电脑等电子产品的使用监管，让孩子更安全地使用；
2. 跟孩子共同制定电子产品使用条例，信任孩子，并进行积极引导；
3. 关注图书馆、博物馆、科技馆等机构的公众号，参加官方研学活动；
4. 多参加社区组织的、面向青少年的学习活动和公益活动。

三、舒适的情感环境

学习环境的第三个方面，是情感环境。这部分主要是精神层面的，也可以按照家庭和学校来分类，主要有三类。

家庭情感环境。 不仅包括孩子和父母之间的和谐关系,也包括家庭成员之间的和谐关系。家长一辅导作业就发脾气,会形成一种不良的情感环境,其实是很不利于孩子学习的。

同学之间的情感环境。 孩子在学校里,需要一个相对舒适愉悦的人际交往圈,如果总是不合群,对于他的学习也是不利的。首先家长不要去做一些影响孩子正常社交的事情,其次如果孩子在和同学的相处中出现了什么问题,家长一定要引起重视,帮助孩子及时解决。

孩子和老师之间的情感环境。小孩子喜不喜欢某个老师,对他的学习是有很大影响的。有些孩子比较敏感,和老师之间产生误会,又没能及时疏通解决,就导致了严重的偏科现象。孩子小的时候因为这个没打好学科基础,以后再想好好学,就很吃力了。当然了,这种情感关系中老师是很重要的,但老师要面对的是很多小孩子,不一定能一一照顾到。这就需要我们家长随时关注孩子的情况,平时去正确引导孩子,发现问题及时和老师沟通,并采取相应的措施解决问题,帮孩子营造和谐的师生关系。要注意,这里提到的师生情感环境,是要建立正常的良性的师生关系,家长没必要去专门送礼,让老师格外关注自家孩子,这其实对孩子的学习并没有帮助,有时候反而会起到反作用。

教育小妙招

1. 父母要学会控制情绪,当一位在辅导作业时,可以让另一位负责缓和局势;

2. 鼓励孩子积极参加集体活动,这样才能有更多机会发现更多志同道合的伙伴;

3. 主动邀请跟自己孩子有共同爱好的同学一起玩儿,多帮助他交朋友;

4. 当孩子向你投诉老师时,不要急着附和,先往正向引导,再去了解情况。

第四章 端正学习态度

说起辅导孩子写作业，我想好多家长都有一肚子苦水要倒。明明题也不难，感觉孩子也会做，可他们就是不认真，总是粗心大意，有时候竟然能把加号看成减号。家长觉得孩子学习态度不好，火气就上来了。可是光发脾气，也解决不了问题。孩子的学习态度好不起来，严重点儿还会导致厌学等情绪。这一章，我们就来聊聊如何端正孩子的学习态度。

一、认知态度

态度,是一种主观心理倾向,是由多方面原因造成的。我们主要分三个方面来分析一下孩子的学习态度。

学习篇

　　第一个是认知态度，说通俗一点儿，就是孩子知不知道要学习。认知会直接影响孩子的学习态度。一旦孩子对学习活动中的一些认知出现了偏差，错误认识就会导致他的错误态度。那么孩子在学习中容易存在哪些认知偏差，又该如何解决呢？

　　对学习目标的认知偏差。也就是孩子不知道为什么要学习。如果他觉得学习只是为了讨家长、老师喜欢，那他就算重视成绩，肯定也不重视学习内容本身，更不会去钻研学问、主动学习。所以说，帮助孩子明确学习目标是很重要的。

对学习过程的认知偏差。我们家长总想让孩子快乐学习,这是没有错的。但在这个过程中,孩子可能会低估了学习的艰苦程度。尤其是低年级的孩子,所学的知识比较简单,如果家长又引导有方,他可能随便学学就能考个 90 多分。但这时候,他的基础其实是没有打牢固的。那随着年龄的增长,他所学的东西越来越难,他的认知又没有转变过来,成绩就会慢慢下降。这时候,家长急了,数落孩子不好好学习,但孩子会觉得很冤枉。他会想:我一直是这样学的,小时候能学好,现在却学不好,我有什么办法?这时候家长的数落,就有可能让孩子出现厌学情绪。所以家长在让孩子快乐学习的同时,也要有意识去旁敲侧击,在孩子小的时候让他遭遇一些挫折,让他明白学习的艰苦性。

对学习方法的认知偏差。这种偏差主要是孩子没搞清楚学习方法和学习结果之间的逻辑。比如说背古诗，孩子用死记硬背的方法，一开始还能跟上，后来要背的内容越来越多，他就跟不上了。这时候，孩子看到其他同学能记住那么多古诗，他就可能会觉得自己不如人家。这就需要家长时刻关注孩子的学习，帮孩子找到更高效的学习方法。这一点，我们也会在后面的章节里详细去讲。

对学习能力的认知偏差。简单地说，就是孩子不明确自己的学习能力。这里的学习能力不是指天生的智商，而是孩子自身的性格特点、思维习惯、兴趣爱好等。比如有的孩子偏感性，想象力丰富，作文写得好，但逻辑思维可能就差一点儿；而有的孩子偏理性，容易学好数学，写作文时就缺少了点儿创意。孔子提过"因材施教"，主要是对老师的要求。那我们作为家长，也要帮助孩子更清晰地了解自己，从而找到最适合自己的学习方法。

教育小妙招

1. 分阶段帮孩子设定可实现的短期学习目标，激励他端正学习态度；
2. 从低年级开始，帮孩子夯实基础，也要帮他设置一些稍有挑战的学习任务；
3. 让孩子定期复盘学习过程，筛选更加高效的学习方法；
4. 引导孩子发现自己的个性差异，扬长补短，有的放矢地学习。

二、情感态度

解决了孩子在学习过程中的认知偏差，我们接着分析学习态度的第二个方面——情感态度，也就是，孩子想不想学习。孩子知道了为什么要学习，以及怎么去学习，为什么还是不想学习呢？我们逐一来分析。

孩子的兴趣情感。兴趣情感就是孩子对所学的东西不感兴趣，不喜欢，所以不想学。关于如何培养孩子的学习兴趣，我们在前面已经讲过，这里不再多讲。

我将拥有许多玩具。

晚上教弟弟画。

孩子的价值情感。价值情感就是孩子觉得能不能通过学习实现自我价值。人都是需要成功的，做成了一件事，这个结果本身就能让人产生价值感。孩子也不例外，比如学会了画画，画出一幅好看的画，就能让孩子觉得满足。一旦孩子觉得学习这件事无法让他获得价值感，他自然就不想学了。针对这一点，家长就要根据自家孩子的情况，为他制订合理的短期目标，让他能不断获得不同程度的成功。就算只是很小的成功，只要能让孩子体会到价值感，他也会愿意学下去。

孩子的道德情感。道德情感可以理解为孩子在学习中满足的道德感。这个和价值感有些类似，不同的是，价值感是通过成功结果直接获得的，而道德感则往往是通过别人的评价获得的。孩子的成绩好，就会受到老师的表扬，亲人的喜爱，同学的欢迎，这些都会给他带来自豪感。相对的，孩子成绩不好，他的自尊心也会受挫，就容易自暴自弃。所以家长一定要及时表扬鼓励孩子，建立他的自信心，并能在孩子学习出问题时帮他分析原因，提出解决方案，而不是一味地指责孩子。

关于孩子的情感态度，我们还要注意一点。人的情感通常具有直接性和暂时性，这意思就是，它和认知不一样，不是能循序渐进去解决的，而是有可能会在孩子的成长过程中反复出现。这就需要我们家长保持耐心，时刻关注孩子的心理发展和情感变化，才能在第一时间发现孩子的情感问题，及时解决。

教育小妙招

1. 让孩子先进行基础学习，不断得到正反馈，建立自信，再去拔高提升；
2. 强化正向引导，帮助孩子养成积极的态度，比如强调预习是为了让听课更轻松；
3. 要及时表扬他通过努力取得的进步，也要奖励孩子敢于"失败"；
4. 不要只关注成绩，苛求结果，要跟孩子强调过程，努力的价值。

第五章 培养孩子的专注力

孩子学习成绩不好，原因是多方面的。但我想家长最常听到的原因就是：你家孩子上课注意力不集中。这几年，训练孩子专注力的机构遍地开花，各种专有名词、训练游戏层出不穷，让我们家长也是眼花缭乱。其实，孩子的专注力确实是可以培养的，也没有那么难，我们家长完全可以在日常生活和学习中去注意，培养孩子的专注力。

一、培养孩子自身的专注力

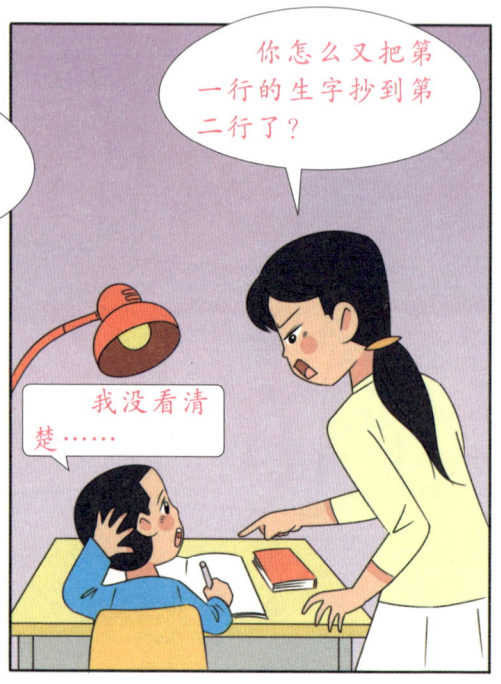

专注力的概念。专注力,也就是注意力,指一个人把心思集中在某一件事物上的能力。我们一般说起专注力训练,总是会用时间来衡量。其实,衡量专注力除了时间以外,还有一些别的维度。

首先是时间,就是在多长时间里可以持续关注一个事物,比如孩子上课,能集中多长时间听老师讲课,不走神。

其次是范围,就是能注意到多大范围的事物,比如孩子看书,注意到了整篇课文,还是只注意到了正讲的那一句。

再次是目标,就是能不能同时注意到几个目标,比如孩子在听课的同时,还能注意记笔记。

最后是转换,就是能不能主动迅速地将注意力转换到另一件事上,比如孩子能不能从上一节音乐课中转换注意力,集中到这一节的数学课上。

我们家长通常在对孩子进行专注力培养时,只注意到了时间,而忽略了后面三点,其实这些都是很重要的。

学习篇

明确了专注力的概念，我们来分析一下孩子注意力无法集中的原因，再针对这些原因提出相应的措施。

掌握孩子自身的生理特点。家长要明确一点，那就是，孩子的专注力是会随着年龄增长而增加的。不管是时间还是范围，孩子的注意力都没法儿和大人比。所以我们家长去培养孩子的专注力，也不能违背他们的生理特点。我们可以从以下两个方面来有针对性地培养孩子的注意力：

一是视觉注意力。不光是孩子，每个人注意事物都是从看开始的。视觉注意力的训练可以和观察力训练结合起来，孩子要先看到了，才能结合看到的东西进行分析比对，找出其中的规律。

跟住老师的思路。

二是听觉注意力。听到的东西没有看到的那么直观，所以孩子的听觉注意力发展会比视觉注意力更慢。我们有时候会感觉，说了一大堆，孩子根本没听进去，就有可能是因为孩子没法儿集中听觉注意力。训练听觉注意力，家长首先要多和孩子对话互动，设置问答或者指令性的游戏，让孩子根据自己的话做出反应。其次，家长可以对孩子进行一段时间的集中听力训练，比如给孩子讲一个故事，然后和他互动探讨。让孩子转达信息，也是一个好的训练方式。最后，家长要去训练孩子辨别声音的能力，也就是能从一堆声音里准确抓住自己想听的那一个。家长可以设置一些小游戏，把几个人的声音合在一起，让孩子来猜某一个人说了什么。

我听见爸爸说明天带我出去玩儿！

了解孩子自身的心理原因。孩子注意力无法集中的第二个原因,是孩子自身的心理原因。说到底,注意力是一种心理活动。心理学上一般把注意力分成两种:一种是无意注意,也就是没有目的的注意力,比如身后传来一声巨响,你就会下意识地回头看一下。一种是有意注意,就是我们有目的地去注意某样东西,比如上课时我们去注意听老师的话。很显然,我们所说的培养专注力,培养的就是有意注意。那这时候心理的主观意愿就非常重要了。

一般来说,我们更容易注意到自己感兴趣的东西。所以从心理层面培养孩子的注意力,家长要做的第一点就是从兴趣培养。鼓励孩子多去探索,在孩子感兴趣的点里,引导他的注意时间、范围和目标。第二点，要从目标培养。让孩子对目标结果产生期待，孩子就更愿意在过程中集中注意力了。第三点，要从态度培养。从认知层面、情感层面和意志层面，让孩子对于所要注意的事物，比如学习本身，有良好的态度，他自然就愿意关注学习。第四点，要从习惯培养。认真和坚持有时候就是一种习惯，我们会发现一个做事认真的人，干什么都会很认真。所以家长要培养孩子从小认真做事的习惯，他自然就会更容易专注。

我要全神贯注地学习。

教育小妙招

1. 了解不同年龄段孩子的注意力集中时间，科学地进行专注力训练；
2. 带孩子在家玩挑豆子、走迷宫、找不同等游戏，锻炼他的视觉专注力；
3. 在家玩"听指令做动作"的游戏，锻炼听觉专注力，比如听到水果就举手；
4. 正向引导孩子专注学习目标，让他在完成学习任务时更加专注。

二、训练孩子的抗干扰能力

为孩子排除干扰。 孩子注意力无法集中,除了自身的原因,还有可能是受到了外界的干扰。针对这一点,我们首先要尽量为孩子排除干扰。我们家长不要觉得只有在学习时孩子才是不能打扰的,在孩子专注做任何事情时,都不要试图去干扰他。其实在现实中,对孩子专注力最大的干扰就是来自家长。我们经常看到小孩子在专注玩玩具、做游戏的时候,家长就过来喂一口吃的,或者问一句"宝贝冷不冷啊?"甚至直接打断他:"都玩儿这么久了,我们换一个吧!"这些行为,都在无意识当中干扰了孩子的注意力。

这么专注,那就一会儿再吃吧。

再加上房顶。

训练孩子的抗干扰能力。 当然,干扰终究是不可避免的,所以我们家长还要有意识地训练孩子的抗干扰能力。家长可以通过一个完整的注意力周期训练,加强孩子的有意注意。具体步骤如下:

一、营造一个适宜专注的空间，不仅包括安静的环境，还包括周围事物的设置摆放等。比如让孩子拼搭积木，那除了积木之外，就不要再放其他的东西了。

二、设置合理的专注时间和目标，比如孩子能在规定时间内搭好事先规定好的积木模型。

看我搭得又快又好！

三、让孩子独自完成目标,不要去打扰他,也不要时刻关注他的进度。

四、在孩子专心完成目标后及时鼓励,并指出孩子的成绩或进步。比如:"这次只用了八分钟,就拼完了一百块的积木!"来加强孩子的目标意识。

教育小妙招

1. 让孩子保持学习桌的整洁、清爽,玩具、零食等干扰物品不能出现;
2. 关上手机和电视机,不要让外界刺激影响孩子有意注意的发展;
3. 设置孩子感兴趣的任务,强化有意注意,比如引导孩子观察植物的生长;
4. 把专注力训练变成全家都能参与的活动,这对孩子来说更轻松自然。

第六章 培养学习习惯

我们常常看到这样的情况：孩子写作业的时候，一会儿起来喝口水，一会儿玩儿手里的铅笔，有时候还一边看电视一边写，反正就是各种"磨洋工"。这些都是因为孩子没有养成良好的学习习惯。我们前面讲学习目标、学习兴趣、学习环境、学习态度，可学习要取得成绩，最终还是要落到具体行为上去。所以这一章，我们就来具体讲一讲如何培养孩子的学习习惯。

一、培养行为习惯

什么是习惯？它是指人在一段长期的过程中形成的一种固定模式。所以习惯的养成是需要时间的，家长一定要在孩子上学之前，就让他养成良好的学习习惯。一般来说，孩子三岁以前我们重点放在他的生活习惯上，三岁以后，家长就可以有意识地慢慢培养孩子的学习习惯。要注意，在孩子六岁上学之前，我们对孩子的学习要求重点要放在习惯养成上，不要过多地去做成绩要求。

学习篇

孩子的学习习惯一般体现在三个方面，第一个就是行为习惯，也就是孩子的学习行为。良好的行为习惯应该如何养成呢？

帮孩子制订合理的学习计划。良好的计划是完成目标的前提，有了计划，家长和孩子才能对学习任务有更清晰的认识。这一点我们后面会有专门的章节来讲，这里就不展开了。

督促孩子严格执行计划。家长不要带头打乱计划,也不要让孩子轻易改变或放弃计划。如果一开始担心执行不了,可以选择从简单的目标做起,后面逐步增加目标难度。

只要坚持,就能达到。

引导孩子分解任务,一步一步来完成。孩子容易被总任务吓到,我们家长就要去帮他分解成一个一个的小任务,让他觉得是

容易完成的。一开始的时候,在每个小任务之间也可以设置短暂的休息放松时间。

及时总结孩子完成的任务目标。家长要引导孩子了解自己坐在那儿学习的时候,都完成了什么,并渐渐引导孩子学会自己总结。

改变 从家庭教育开始

长期坚持。家长要把学习行为习惯的培养当作一件长期任务，让孩子形成常规。不要今天做了明天又不做，"三天打鱼，两天晒网"。要知道，习惯一旦被打破，就很难产生延续性了。

教育小妙招

1.制订合理可执行的学习计划，比如作业计划，要安排顺序、作业时长等；

2.发自内心地信任孩子，提前提醒孩子，督促他执行计划；

3.语气温和，态度坚定，让孩子意识到要坚持计划、不松懈；

4.定期和孩子复盘，利用可视化图表总结任务完成情况，更明确有效。

二、培养思维习惯

学习习惯的第二个方面，家长要注意培养孩子的思维习惯。学习不光要求苦学、多练，还要勤于思考、善于思考。我们很多家长其实在行为习惯上做得还是挺好的，但往往忽略了思维习惯的培养，最终还是难以让孩子形成长期良好的学习习惯。

多鼓励孩子思考。哪怕一开始孩子的思考很浅表，很幼稚，家长都不要去打击他，更不要去代替他思考。在很多事情上，都可以让孩子加入进来，进行思考，提出自己的意见和方案。

引导孩子养成分析问题、解决问题的思维习惯。我们看到有些孩子在学习中遇到难题，下意识地就不想做了；而另一些孩子呢，可能脑子里根本就没有"不做了"这个选项，只有"怎么做"一个问题，他们就会一直去找这个问题的答案。这就是思维习惯的差异。这个思维习惯还会一直带到长大后，带到工作中，影响是非常深远的。而这个引导一开始也很容易，就是家长对孩子的影响。我们家长应该都遇到过这种情况：孩子一开始玩儿一个东西，被难住了，来问家长。家长千万不要觉得这有什么大不了的，就敷衍孩子，或者因为手头正忙，随便打发了孩子。要利用这种机会，引导孩子建立发现问题、分析问题、寻找原因、提出方案、解决问题的思维

模式，并在有时间的时候带孩子亲自试验几次，让他体会到靠思考解决问题的快乐和满足。

利用孩子的好奇心，帮他建立基础的逻辑体系。孩子小时候是最爱刨根问底的，总会问许多"为什么"。这时候，我们家长就可以引导孩子追根溯源，循着逻辑线去找世界的客观规律，慢慢帮他搭建起基础的逻辑体系来。人的理性思维就像一座大厦，小时候根基打得好，长大了学任何东西都能很快找到方法。所以这一步在孩子的成长过程中，也是至关重要的。

改变 从家庭教育开始

鼓励孩子的想象力,培养孩子的发散思维和联想思维。
孩子小时候天马行空地想象,我们不要去制止和打击,而是要去慢慢引导。我们说一个人要有理性客观的逻辑思维,也要有创新意识,所以这一块的培养也是非常重要的。当然了,每个人的性格不同,偏重的思维方式也不一样,我们家长要根据自家孩子的性格特点来引导。

教育小妙招

1. 为孩子创设"想问"的情境,比如故事读到一半,让孩子好奇结果;
2. 要多向孩子提开放性的问题,不要只是对或错的封闭性问题;
3. 要用启发的方式提问,多问孩子"为什么",不断引导他思考;
4. 学会"示弱",积极向孩子请教,通过讲解具体问题锻炼其思维力。

三、培养心理习惯

孩子学习习惯培养的第三个方面，是心理习惯的培养，也就是学习的主观意识。

从家庭教育开始

培养孩子独立自主学习的意识。孩子小时候很喜欢爸爸妈妈陪着写作业,但随着他渐渐长大,家长一定要让他明白,学习是不论在什么时间、什么地点、什么环境下,都需要他独立自主去完成的事,让他从心理产生主动学习的意愿和想法,并将这个意识内化成心理习惯。

培养孩子克服困难的勇气。平时遇到难题,我们家长要带着孩子积极去解决,同时也要保持乐观的心理,让孩子从小建立"所

有问题都可以得到解决"的信心。

培养孩子坚持不放弃的心理。小孩子做事三分钟热度,家长一定要在孩子要放弃时带他分析利弊,说明情况,帮孩子建立遇事不轻易放弃的心理意识。

培养孩子自律的意识。 贪玩是小孩子的天性,我们家长要尊重他的天性,但也不要放任自流,而是要去慢慢引导孩子,让他明白学习是需要做出努力、克服惰性才能取得成绩的。当然了,这里不是说要给孩子增加压力,还是要尊重孩子的天性,将重点放在意识的培养上。

教育小妙招

1. 从小事开始放手,培养孩子独立安排、规划学习和日常生活的能力;
2. 引导孩子从易到难处理问题,帮他建立自信和凡事靠自己的信念;
3. 无条件的积极关注,能给予孩子面对困难和挑战的勇气;
4. 激发孩子的学习内驱力,"自律"就是水到渠成的事。

第七章

解决厌学问题

　　孩子厌学，沉迷游戏，我想是每个家长都害怕遇到的事。确实，有些孩子学习的时候无精打采，但一抱起手机、平板就来劲儿了，能连续玩好几个小时。家长说他、骂他，也没什么效果。我们前面也说过，没必要绝对禁止孩子使用电子产品。孩子之所以会沉迷进去，归根到底还是学习出了问题。这一章，我们就来探讨一下孩子学习出现问题的原因，再针对这些原因找到具体的解决方法。

改变 从家庭教育开始

培养心理习惯

  学习中的问题，比较严重的不外乎这几类：沉迷游戏，不写作业，上课不听，甚至逃课。这些行为其实都表达了孩子的一种情绪：厌学。厌学情绪不是指我们正常人偶尔会出现的偷懒情绪，而是一种持续时间长、相对稳定的情绪状态。也就是说，孩子不爱学习不是一天两天了，也不是因为某一件具体的事导致的一时情绪，我们才把它定义为厌学。那它是怎么产生的呢？

学习篇

家长导致了孩子的厌学。现代家庭最常见的,是家长对孩子期待过高,给孩子设置了太多学习目标,让孩子对学习产生了反感。我们有些家长想让孩子从小多学点东西,这没什么问题,但一定要注意方式方法,循序渐进。如果只是一味报班,强迫孩子学英语、学钢琴、学画画、背古文,最后只会起到反效果。还有一些家长呢,因为平时工作忙,忽略了孩子的成长。每天回家太晚,将孩子放在老人那里,或者干脆放在托管班,也没有时间陪孩子。时间一长,孩子缺乏父母的关爱和正确的引导,就容易出问题。

总结一下，就是家长先出了问题，孩子才出了问题。那解决方案，当然是家长先改善自己的问题，参考我们前面讲过的，正确地爱孩子，增加有效陪伴的时间。不要再强迫孩子学习了，跟孩子商量，该停的班就停下来，再慢慢寻找孩子的兴趣点，逐渐培养孩子的学习习惯。

 学习篇

学校导致孩子不爱上学。再细分下去，第一种是孩子不喜欢老师，可能是老师讲课不生动，老师比较严厉。第二种是孩子不喜欢同学，可能是在和同学的交往中遇到了什么困扰，甚至是遭遇了校园霸凌。这些我们前面的课程里都讲过，如果发现是这类原因，家长一定要引起重视，积极与老师沟通，引导孩子正确解决这类问题，为孩子营造良好的学习环境。

孩子不喜欢学校，还有一种情况是不喜欢学校本身。早些年学校过度重视成绩，强调分数和排名，就导致很多孩子感受不到学习的快乐，不喜欢上学。这几年，随着国家的重视，学校也很注意这一块了。但孩子毕竟还小，理解不够全面，想让孩子更好地适应学校教育，还需要家长的参与和配合。这些年学校总是提倡"家校共育"，就是这个意思。我们家长千万不要觉得把孩子扔给学校就不用管了，正相反，我们要随时关注孩子在学校的情况，有问题及时和老师、和校方沟通解决。当然，这不是让我们事无巨细地去问老师孩子在学校的情况，而是要从大方向上掌握孩子的整体情况，了解孩子的行为动因和心理变化。平时要和孩子多交流，在孩子遇到困扰时及时发现，并引导他去解决，不要让小问题最终转变成大问题。

另外,学校有时候会出一些新的制度、要求,老师也会经常布置一些课堂学习之外的任务,比如"迎国庆"手抄报,垃圾分类活动,安全教育讲座等。而学校在布置任务给孩子时,可能没办法让每一个孩子去理解它的目的,这就需要我们家长来配合,为孩子解释这些事的意义,并带孩子去积极完成。学校还会定期进行校园文化建设活动,我们家长也要多关注,从正面引导孩子,培养孩子的集体荣誉感。家长要注意,就算学校有些什么做法是我们不愿接受的,也要正面去解决问题,千万不要加强孩子和学校的对立情绪。我们有些家长平时说话不注意,会在孩子面前说一些"你们学校真是事儿多"这种抱怨的话,其实对孩子是不太好的。

国庆节的来历!

真事儿多!

孩子自身的原因导致厌学。孩子的学习出问题,很大一部分还是自身出了问题。比较常见的有两种,第一种是孩子自身性格比较敏感,自尊心较强,过于看重成绩,害怕考不好,导致心理压力太大,无法承受,产生了逃避心理。我们经常听说有的孩子在大型考场上出现高烧、拉肚子等症状,就是压力太大产生的应激反应。针对这种情况,我们家长更要关注孩子的心理,及时疏导孩子的情绪,排解压力。我们前面讲过从小可以对孩子进行一些抗挫折教育,增强孩子的意志力;在孩子的成长过程中也要随时关注孩子的情绪和心态变化,才能在问题出现时及时调解。

第二种是孩子的学习方法不对,导致虽然很努力,却出不了成绩。这就容易让孩子失去斗志,觉得怎么都学不好,干脆就放弃了。关于学习方法,我们会在后面的章节中详细展开,这里就不多说了。

改变 从家庭教育开始

社会原因导致孩子厌学。 孩子学习出问题的最后一类原因是社会原因。现代社会的一些不良现象被带到了校园里，影响到了孩子。比如说一些电视剧、动画片里会提到读书无用论，过于强调金钱的作用，这些不良的三观会在无形间改变孩子的认知，让他们产生攀比心理，不再愿意努力学习。所以家长要注意监管孩子的信息来源，尽量不要让他看到、听到不健康的言论。平时要重视孩子的思想品质教育，自己说话更是要多注意，正家风，重根本，引导孩子建立正确的三观。

教育小妙招

1. 每天花一点儿时间关注孩子的作业完成情况，有些难题和孩子一起解决，共同学习；
2. 积极参与学校布置的任务，鼓励和陪伴孩子完成任务；
3. 在孩子情绪不佳时，暂时放下成绩，带孩子出去玩一玩，放松一下；
4. 为孩子的电子产品下载青少版APP，关注孩子的网络账号。

第八章

制订学习计划

我们经常听到家长对孩子说:"好好学习,将来实现理想,做自己想做的事。"可是要怎么把这句话具体落实到每一天呢?孩子可能并不清楚要怎么做,那这句话对他来说也就比较空了。其实,我们家长这么说是没有错的,不过我们也要引导孩子学会制订合理的学习计划,把远大的目标拆解到每一天的具体任务中去。

改变 从家庭教育开始

培养心理习惯

　　计划，大家每天都在做，工作计划、假日出行计划、每月理财计划等。我们在培养孩子生活习惯时也讲过，要让孩子学着安排自己的生活。而学习计划，就是建立在生活计划之上的。在上学前，家长要让孩子形成良好的生活规律。等到上学了，就可以引导孩子在规律的生活中加入学习计划。而要引导孩子，首先我们家长得有一份长远的计划。

学习篇

第一步，把对孩子成长的预想目标按阶段划分出来。我们对孩子的预想目标通常都很远大，比如希望孩子长大能有出息，在某个领域做出一番事业，这些与其说是目标，不如说是梦想。要想实现目标，就要把它落到实处。怎么做呢？我们可以从结果往前推。比如说，希望孩子能做出一番事业，那就先要有一份好工作。再往前，要考上一个好大学。我们说家长起作用的教育阶段，主要也就是孩子上大学前，就是 18 岁以前。那这 18 年，国家已经很科学地给它分了阶段：6 岁以前，6 到 12 岁，12 到 18 岁。我们家长要做的，就是把每个阶段想要达成的目标放进去，做出一个计划草案来。比如说，6 岁上学以前，要让孩子明白为什么学习，了解学习的重要性，养成良好的学习习惯；6 到 12 岁小学阶段，要让孩子跟着老师学习学科知识，找到适合自己的学习方法，建立基本的学科概念；12 到 18 岁中学阶段，则要让孩子逐渐摆脱对老师的依赖，掌握自己学习的方法，清楚各学科之间的关联，并试图整合所有的学科内容，明晰未来的方向。要注意，这个阶段目标是比较粗放的，不用过多去钻研细节，我们家长只要做到心中有数就行。

6岁前

6到12岁

第二步，结合孩子的年龄特点，把孩子目前所在阶段的目标拆解到每一年。孩子不到 6 岁，那就拆解第一个阶段。一般来说 3 岁前我们的养育重点都在生活上，那就从 3 岁以后开始设置每年的目标。比如 3 到 4 岁，要适应幼儿园生活，理解为什么要遵守规则，知道要认真听老师的话；4 到 5 岁，开始理解课堂形式，知道什么是学习，并开始进行一些系统学习；5 到 6 岁，养成每天完成作业的习惯，理解学习的重要性。如果孩子已经在上小学了，那就拆解第二个阶段。6 到 7 岁，7 到 8 岁，一直到 12 岁，把每一年的目标列出来，最终完成结果要符合孩子的年龄特点，也要和阶段目标吻合。

第三步，根据预想目标比对自己孩子的现实情况，得出分析报告。看看孩子是否达到了当前年龄我们预想的目标，如果

没有达到，找出差了多少。差得少可以直接在当年补上，差得多就要进行调整，匀到之后的几年中去慢慢补。如果达到了，就可以进行下一步了。如果孩子不仅达到了我们的预期，还超出了很多，那我们就要回到上一步，调整一下阶段目标，根据孩子的完成情况适当增加目标。

第四步，得出孩子的现状分析报告，我们就可以制订接下来一年的计划了。也就是我们准备采取什么措施来完成当年的目标。比如想让孩子养成按时写作业的习惯，我们可以计划给孩子每天布置作业，不必太难，重在让他养成习惯。计划的内容没有固定模式，家长可以根据自家的情况、孩子的特点来灵活选择。年计划主要侧重的还是比较大的方向，比如是否选择报校外班，兴趣班和辅导班的平衡，孩子当年的主要学习时间等，但要写出详细的方案安排来。如果孩子上学了，可以将年计划再细分到学期计划、暑期计划和寒假计划。

第五步，根据年计划设定月计划和周计划。 月计划和周计划其实已经详细到每天的安排了，包括平时放学后用几个小时来学习，学什么；周末和节假日又如何学习，等等，都要十分切实可行。

比如孩子的年计划里有课外阅读这一项,那到月计划里,就要具体到读什么书,读多少页。再按照实际情况分配到每一天,比如平时写完作业后读半个小时,周末每天读一个小时,重大节日可以休息。家长要注意月计划和周计划的合理性,不要给孩子设置超出他承受范围的任务。到这里,家长已经对孩子的学习安排了然于心了。

第六步,家长就可以根据每天要完成的任务,引导孩子自己制订日计划,安排每天的学习时间和任务。 这一步主要

让孩子自己完成，家长只要从旁引导即可。开始时孩子不熟练，我们可以让他把计划写下来，再和他一起讨论修改。就算孩子提出的计划不那么合适，家长也不要急着去否定他、纠正他，可以陪着他试行几天，适当地指出其中不合理的地方，让孩子去调整。等到孩子对制订每天计划很熟练了，家长就可以让孩子制订每周计划。这样循序渐进，慢慢到每月计划，甚至到学期计划。到了中学阶段，我们基本就要把制订学习计划的任务交给孩子自己来完成。

教育小妙招

    1. 计划要尽量详尽，不仅有要完成的目标，还有具体的完成目标的方式；

    2. 计划要尽可能地拆解，把复杂的任务拆解成一个个容易执行的小任务；

    3. 计划要有可实施性，一个完不成的计划是没有意义的；

    4. 计划要留出可调整的空间，即使出现意外也能随时调整，但不能随意打乱。

第九章 适合的学习方法

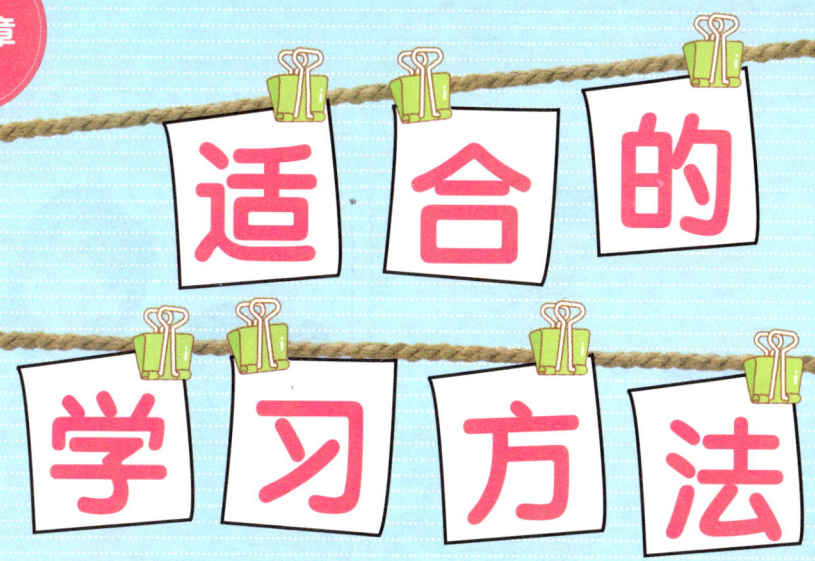

你会不会羡慕"别人家的小孩儿"呢?看看人家,门门功课都优秀,兴趣爱好还满级。再看看自家孩子,怎么那么简单的题都会做错?就特别想找那些家长请教一下,希望能学点儿好的方法。其实呢,每个孩子的情况都是不一样的,别人的成功经验也不一定能套用到自己身上,最重要的还是找到适合自家孩子的学习方法。

改变 从家庭教育开始

培养心理习惯

  方法本身不是目的，而是达到目的的过程。所以在这一章，我们就重点来分析一下整个学习活动的全过程，让家长明确各环节的目的要求，有针对性地引导孩子找到适合的学习方法。

这里说的学习活动，指针对具体目标进行的一个完整周期的学习活动，这个周期可以很长，比如一个学期学完整本教材；也可以很短，比如一天学完一篇课文。但不论周期长短，一个完整的学习活动都要包括学前准备、系统学习和学后总结三个环节。

系统学习前的准备环节。学前准备对于学习来说是很重要的，但也是最容易被我们家长忽略的。都要准备些什么呢？三个方面：一是学习环境；二是心理建设；三是学习计划。学习环境和学习计划我们前面讲过了，我们家长要注意引导孩子，在学习活动之前做好环境准备，制订计划。心理建设，指的就是学习之前的心理准备。学习毕竟不是玩儿，就算再有趣也是需要付出一定努力的。

很多时候孩子一开始挺认真的,到中间就坚持不下去,就是因为这一步没有做好。如果放弃的次数多了,形成习惯,就更难纠正了。所以我们家长要重视这个环节,引导孩子在每一次系统学习之前做好心理准备。即使是在每一次小的学习活动之前,家长也要引导孩子慢慢形成习惯,在上课前、写作业前主动进行心理建设,也就是我们常说的"收心"。这一步能帮助孩子上课时更快地集中注意力,进入学习状态。

系统学习阶段。第二个环节就是正式进入系统学习了。这个部分也是学习活动的主体部分,直接关系着学习活动的成败。一般来说,系统学习包括四个步骤:

第一步是提前预习。这个大家都不陌生了，老师一般也会给孩子布置预习任务。但是，你有没有帮孩子找到有效的预习方法呢？可能很多时候，我们家长就是按照老师说的步骤完成了形式，但作用却不大。这是因为家长没有清楚预习的目的。我们说学习要有目标，预习，就是帮孩子明确这次学习活动的主要目标是什么，结果是要掌握什么，然后带着这个明确的目标去进行学习。不管是长期还是短期的学习活动，家长都要引导孩子养成主动预习的习惯，找到适合他的预习方法。记住，具体是什么形式不重要，重要的是让孩子明确这次学习活动的主要目标。

第二步就是正式学习。一般来说，孩子的学习活动是在学校课堂上进行的，那我们家长能做的，就是让孩子培养起良好的听课习

惯后，帮他一起找出最有效的听课方式。当然了，丰富课堂形式，让孩子更好地完成学习目标主要是老师的任务，我们家长在这个过程中起到的只是辅助作用。家长还是要引导孩子跟着老师的节奏走，不要喧宾夺主，那结果反而会影响到学校的学习。家长可以带孩子一起分析老师的讲课方式，找到最佳的配合方案，必要时也可以跟老师沟通。

第三步是配套练习。学习之后的练习是相当重要的，它能帮孩子找到学习当中没完全掌握的部分，及时补足。有时候我们会发现

孩子听完课感觉自己都会了，可一做题，才知道很多都不会。所以家长一定要重视课后的练习，最常见的就是家庭作业了。家长也不用去给孩子辅导作业，重点是引导孩子发现哪道题做错了，或者不会做。在低年级的时候，家长可以直接给孩子指出错误，随着孩子年龄增长，我们就要让他自己去发现错误。这一步的目标，是让孩子明白怎么从练习中发现自己所学内容的不足，并及时补足，不要带到后面的学习中，最后窟窿越来越大，就跟不上了。我们家长也不用担心自己无法辅导孩子，要知道，我们的引导都是为了把学习的自主权交到孩子手里，让他学会自己学习。

第四步就是复习了。复习就是巩固所学的内容，对这次学习活动的主要目标进行回顾，看看是不是达成了预期。所以复习和预习的内容，其实是一致的。预习时提出的问题，复习时就要看看是不是得到了解答？预习时提出的任务目标，复习时就要看是不是都实现了？如果没有达到预期，就要进行补充学习。如果和预期差得太大，就要看是不是需要重新走一遍整个学习过程。学习是循序渐进的过程，千万不要把一次学习活动中没达到的目标置之不理，就进入下一次学习活动。这样做只能让孩子越来越跟不上，最后就彻底放弃学习了。

我可要复习了。

 学习篇

系统学习后的总结环节。复习结束,我们的系统学习过程就完结了,但并不是说整个学习活动就结束了。我们还要进行最后一个环节,学习后的总结复盘。这一步也是非常重要的,能让孩子找出现有学习方法的不足,进行优化。总结复盘,要循着整个过程一步一步地进行,一开始由家长主导,带着孩子分析整个学习过程中出现的问题,解决的方法,达成的目标,所用的时间。从中找出哪些方法对于孩子来说更有效,哪些还需要调整,哪些问题要注意

以后避免。还是一样的,这个环节要慢慢地转到孩子身上,让他自己学会总结复盘,家长千万不要大包大揽。对于一些影响不那么大的问题,孩子就算一开始总结不出来,也不要急着直接告诉他,要以引导为主,启发孩子自己总结,自己发现问题。

教育小妙招

1.收假的前一天不要安排让孩子情绪激动的活动,保持孩子的身心愉悦和放松;

2.在开始新课前以聊天的方式引导孩子提出问题,帮助孩子预习;

3.和老师保持一定的联系,每隔一段时间去了解孩子的课堂表现;

4.学习成效达不到预期时,不要急着去学新课,停下来慢慢寻找合适的方法,稳扎稳打。

第十章 提高学习效率

我总能听到有家长反馈,孩子每天学习挺认真的,可是成绩却总是不理想。这个现象其实还挺普遍的。很多学生每天学到很晚,觉都睡不够,却没有取得相应的好成绩,也就是我们说的,学习效率不高。再看人家学霸,反倒每天都挺轻松的。真的是自家孩子比较笨吗?当然不是。提高学习效率,也是有方法的。在最后这一章,我们就来讲一讲这块的内容。

改变，从家庭教育开始

一、提升学习能力

学习，归根到底是一种能力。想要提高学习效率，家长必须帮助孩子提升学习能力。

学习篇

自主阅读的能力。不光是语文，孩子学任何学科，都要会读书。所以我们家长不要把阅读训练的重点只放在词语或者文学层面上，也要训练他的理解和表达。有些家长希望孩子能从小了解经典名著，这很好，但不要只局限于此，也要选择一些他感兴趣、读得懂的书来进行自主阅读的训练。这些书哪怕不是那么有思想，只要内容积极向上就可以用来训练，读完后和他交流，让他复述内容、提炼主题。自主阅读的能力越强，孩子的学习效率也就越高。

独立思考的能力。孩子初期学习知识通常是被动接收的，我们想让他主动学习，就要让他对接收来的知识进行思考。思考是学习过程中必不可少的一步，学到的知识要通过思考才能变成自己的。

《论语》中说"学而不思则罔",就是这个道理。家长可以引导孩子多问"为什么",比如学课文时去思考文章为什么要这样写,作者想要表达什么,为什么要用这个词,等等。不用担心孩子提出的问题没法儿给他正确答案,重点是训练他思考的方向、方式,就算孩子说得不那么准确也没关系。孩子掌握思考的方法,对学习效率的提升大有帮助。

解决问题的能力。学习中遇到难题是很正常的,我们家长要引导孩子掌握解决问题的正确方法,缩短在难题上耗费的时间,从

而提高学习效率。通过思考,孩子能及时发现问题,就已经节约了很多时间。再建立起高效的分析模式,解决问题的速度会成倍增加。寻找解决方案,也有很多提高效率的方式,比如建立便捷的信息搜索通道,积累更多更广泛的资源,等等。打个最简单的比方,孩子的工具书齐全,而且就在手边,那么他遇到不会的字词时去查找答案,就要方便多了,能节省下不少时间。他的思路没有被打断,学习效率自然就高。

我还是查下资料吧!

归纳总结的能力。很多时候,孩子的学习效率上不去,就是因为老在同一个错误上兜圈子,就像迷了路的人在错误的路上浪费

了太多时间。归纳总结，就能帮助孩子及时发现问题，修正错误的方法。我们家长要引导孩子在每一次学习活动后及时归纳总结，让他按照学习步骤一步步复盘，训练他的总结能力，从而获得经验，不断改善学习方法，提高学习效率。

融会贯通的能力。杂乱无章的东西总是很难让人记住的，而且越到后面越难。家长要引导孩子把一个个琐碎的知识点整合起来，

形成一个体系,把无序变成有序,效率就会更高。要想学得透彻,家长还要引导孩子把书本上的知识和现实生活联系起来,真正变成自己的能力。

教育小妙招

1. 经常和孩子聊聊他感兴趣的书,并且分享自己读过的书;
2. 鼓励孩子多思考,不必拘泥于正确答案,但要给予正向的引导;
3. 家里遇到问题时有效解决,是引导孩子解决问题的最佳示范;
4. 辅导作业时不必每道题都讲,将重点放在孩子总是出错的题上,帮助孩子发现问题。

二、优化学习方法

学习能力不断提升优化，孩子的学习效率肯定会越来越高。而不管是提升能力，还是提高效率，都需要不断优化学习方法。

针对学习内容的方法。学习就是不断掌握知识的重点过程,所以我们家长可以引导孩子采用"划重点法",让他在每次学习活动后提取关键信息,并一个一个列在纸上,进行解释。还有一种"画框架"法,让孩子在纸上画出本次学习内容的框架,一边画一边复述。不用要求他画得多完美,就是借助这个框架将抽象的知识具象化,帮助孩子梳理学到的知识。在复述的时候,家长还可以采用"身份转换法",让孩子来当老师,把学到的知识讲给家里人听。在这个过程中,他更容易发现自己在哪里掌握得不够全面。类似的学习方法有很多,家长要做生活中的有心人,引导孩子不断去寻找发现。

学习形式要灵活变通,让学习活动丰富多彩。学校会组织各种各样的学习形式,那么我们家长也要打开思路,多做创新。

即使是简单地写作业,也可以给孩子设置灵活的形式。中间的休息时间还可以设置一些轻松益智的小游戏,比如猜字谜之类,活跃孩子的思维。我们家长还可以给写作业增加一些仪式感,不用太复杂,比如书桌上有专门的学习台灯,每次坐好打开台灯,就正式进入了学习时间。还可以利用闹钟、沙漏等,来增加这种仪式感。这种简单的小技巧,对于帮助孩子集中注意力、快速进入学习状态是很有效的。

用好辅助工具。不需要多复杂,只要基础的笔记本就能实现。课堂笔记是大家都很熟悉的,让孩子养成随堂记笔记的习惯,把老

师讲的重点、难点记下来，方便复习查阅。这里再介绍两个比较实用的。

一个是任务完成记录表，每一次将学习计划拆解成任务时，可以随手做一个表格，然后每完成一个任务，就打一个"√"。表格能非常直观地让我们了解学习进度，对提高学习效率、防止拖延很有帮助。

另一个是错题本。在一个学习阶段里，把孩子每次做错的题都搜集起来，记在一个本子上。这能帮孩子更好地发现知识掌握的薄弱点，从而有针对性地攻克它。当然，学习中的辅助工具是多种多样的，家长要根据孩子的学习情况，灵活变通，找到真正对孩子有用的工具。

教育小妙招

1. 适当示弱，假装不理解题，和孩子讨论，让孩子来讲题，来观察孩子的掌握情况；

2. 设置学习时间，强化孩子的时间意识，不要让孩子长时间耗在低效率的学习上；

3. 教孩子使用思维导图、速记法、错题本，记笔记时突出重点和难点；

4. 随时了解孩子的学习情况，把握日常生活中的一切机会去引导和启发，不拘泥于一时一地。